KB266916

예수와 함께 가는

부자 청년

예수와 함께 가는 부자청년

지은이 | 조성의

1판 1쇄 인쇄 | 2007년 4월 3일
1판 1쇄 발행 | 2007년 4월 10일

펴낸이 | 김영곤
펴낸곳 | (주)북이십일 21세기북스
기획편집 | 이상우 · 김수연 · 오원실 · 한세정 · 전현경
영업마케팅 | 윤지환 · 최창규 · 주현욱 · 한경일 · 정민영
등록번호 | 제10호-1965호
등록일자 | 2005. 5. 6.

주소 | 경기도 파주시 교하읍 문발리 파주출판문화정보산업단지 518-3
전화 | (031) 955-2179 (기획 · 편집) / (031) 955-2100 (영업)
팩스 | (031) 955-2151
E-mail | book21@book21.co.kr
홈페이지 | www.book21.co.kr

값 10,000원
ISBN 978-89-509-1108-9 13230

21세기 크리스천 자기계발 시리즈 1

예수와 함께 가는 부자 청년

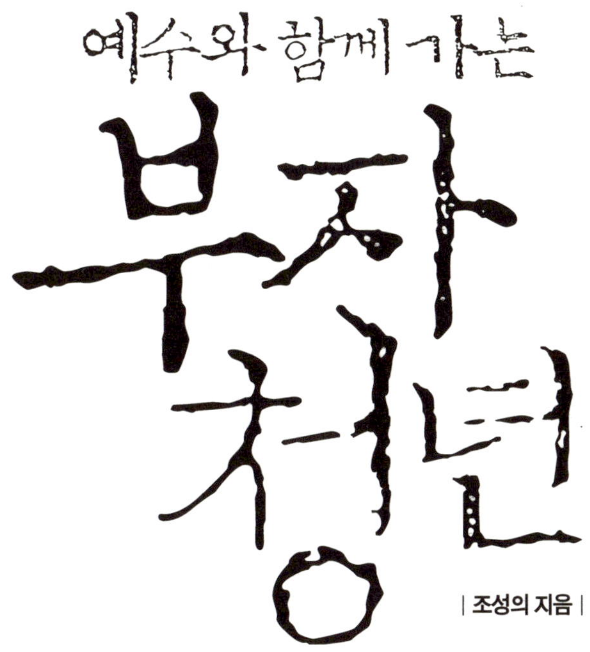

| 조성의 지음 |

결핍의 사고를 끊고 하나님의 풍요 안에 들어가라

21세기북스

예수께서 길에 나가실쌔

한 사람이 달려와서 꿇어 앉아 묻자오되

선한 선생님이여 내가 무엇을 하여야 영생을 얻으리이까

예수께서 이르시되

네가 어찌하여 나를 선하다 일컫느냐

하나님 한 분 외에는 선한 이가 없느니라

네가 계명을 아나니 살인하지 말라, 간음하지 말라,

도적질하지 말라, 거짓 증거하지 말라,

속여 취하지 말라, 네 부모를 공경하라 하였느니라

여짜오되 선생님이여 이것은 내가 어려서부터 다 지키었나이다

예수께서 그를 보시고 사랑하사 가라사대

네게 오히려 한 가지 부족한 것이 있으니

가서 네 있는 것을 다 팔아 가난한 자들을 주라

그리하면 하늘에서 보화가 네게 있으리라

그리고 와서 나를 좇으라 하시니

그 사람은 재물이 많은 고로 이 말씀을 인하여

슬픈 기색을 띠고 근심하며 가니라

-마가복음 10:17~22

예수와 함께 가는 부자청년 | 차례

서문

날이 어둑해질 무렵이었다. 하루 일과를 마치고 제자들과 이런저런 이야기를 나누던 중에 베드로가 말했다.

"예수님! 오늘도 정말 놀라운 하루였어요. 그 사람이 눈을 떴을 때 표정을 보셨습니까? 예수님은 하늘을 쳐다보시느라 못 보신 것 같은데, 그 얼굴을 꼭 보셨어야 했습니다. 제가 그 사람과 예수님을 번갈아 쳐다보면서 얼마나 감격스러웠는지……."

베드로는 흥분을 잘 하고 순수한 성격대로, 오늘 있었던 일들을 다른 제자들에게도 계속해서 설명하고 또 설명했다. 나는 웃으면서 베드로를 향해 말했다.

"베드로, 너는 그 눈 뜬 사람과 나를 쳐다보느라 바빴구나. 나는 그

때 하늘에서 기뻐하시는 하나님을 보았단다."

그러자 베드로가 안타깝다는 듯 곧바로 대답했다.

"정말요? 예수님, 제게도 미리 말씀해 주시지 그러셨어요. 그러면 저도 예수님처럼 하늘을 봤을 텐데! 내일은 저도 예수님을 보고 있다가 예수님이 하늘을 보시면 저도 하늘을 보렵니다."

웃음 가득한 베드로의 말에 제자들도 크게 웃었다.

그 때, 갑자기 누군가가 문을 두드렸다. 문을 열어 보니 한 젊은 친구가 기대에 찬 얼굴로 서 있었다. 그는 아주 값비싼 옷을 입은 고상한 얼굴을 한 청년이었다. 한 눈에 봐도 좋은 집안 출신의 부유한 사람이라는 걸 누구나 알 수 있었다.

"혹시 선생님이 예수이신가요?"

“맞소. 무슨 일로 나를 찾아왔습니까?”

“예, 저는 영생을 얻는 방법이 너무나 궁금합니다. 선하신 선생님! 영생을 얻는 방법을 제게 알려 주십시오.”

다짜고짜 어떻게 하면 영생을 얻을 수 있겠느냐고 묻는 그에게, 나는 계명을 지키라고 말해 주었다.

“하나님과 이웃을 사랑하시오. 그러면 영생을 얻을 수 있소.”

“선생님, 저는 모든 계명을 어렸을 때부터 잘 지켜 왔습니다.”

그의 눈을 보니 그 말은 진실인 것 같았다. 그는 율법을 지키려고 무던히 노력한 사람이리라. 나는 갑자기 그가 무척 측은하게 느껴지면서 사랑하는 마음이 들었다. 그래서 나는 가장 중요한 이야기를 해 주었다.

“당신이 진실로 영생을 얻고 싶다면 아직 부족한 것이 있소.”

"그것이 무엇인가요?"

나는 그의 갈망이 깃든 눈을 바라보며 말했다.

"당신의 재물을 팔아 가난한 자에게 주시오. 그리고 나를 따르시오. 그러면 당신은 영생을 얻을 수 있소."

이 말은 들은 청년은 깊은 고민에 빠진 듯했다. 한참을 생각하던 그는 얼굴이 점점 굳어지더니 슬픈 듯 고개를 떨구었다. 그는 마치 사형선고라도 받은 사람처럼 깊은 근심에 빠져 있었다. 한참을 서 있던 그는 아무 말 없이 뒤돌아서서 가 버렸다.

나는 몹시 마음이 아팠다.

2천 년 전에 예수님을 찾아왔던 청년의 이야기는 이렇게 끝났습니다. 그는 재물을 끝내 포기할 수 없어 예수님을 따르지 못했지요. 그에게는 영생에 대한 갈급함이 있었습니다. 바른 삶을 살고자 하는 노력도 있었습니다. 그러나 그는 포기해야 할 것을 그냥 쥔 채 예수님을 따르기를 원했습니다.

그러나 예수님이 원하시는 것은, 포기할 수 없다고 생각한 바로 그것을 포기하는 것이었습니다. 베드로가 어부 일을 포기했던 것처럼, 마태가 두둑한 돈을 보장하는 세금 공무원직을 버렸던 것처럼 포기할 수 없다고 생각한 바로 그것을 버리는 것에서부터 예수님을 따르는 일은 시작됩니다.

그 일이 있은 후, 벌써 천 년이 두 번이나 흘렀습니다. 그러나 이 시대에도, 아니 지금 이 순간에도 예수님을 따르기 위해서는 '절대 포기할 수 없는 바로 그것'을 버려야 합니다. 그래야 예수님과 함께 걸어갈 수 있습니다.

예수님은 부자청년이 떠난 후 제자들에게 이렇게 말씀했습니다.

"나를 위하여 결핍 사고로부터 자유로워진다면 너희는 두 가지를 얻을 것이다. 첫째는 나를 위하여 포기한 바로 그것을, 그리고 둘째는 영생을 얻을 것이다."

내가 눈에 보이는 재물을 포기했다면 더 많은 재물을 돌려받을 것이요, 사람을 포기했다면 더 좋은 사람으로 돌려받게 되는 것입니다.

오늘날 우리는 2천 년 전에 예수님을 찾아왔던 부자청년보다 훨씬 더 강한 결핍 사고의 공격을 받으며 살고 있는지도 모릅니다. 즉 '내 손에서 사라지면 없어져 버린다.'는 생각에 사로잡혀 있는 것입니다. 그렇기 때문에 저는 여러분이 결핍 사고를 이길 수 있는 유일한 길, 바로 하나님의 놀라운 원리를 알기 원합니다.

이 책은 예수님과 동행하기를 원하는 모든 분들에게, 결핍 사고에서 벗어나 하나님의 풍성한 분깃을 누리며 사는 방법을 알렸으면 하는 바람에서 썼습니다. 이 책을 읽고 여러분 모두 '그것이 없으면 난 죽을 수밖에 없어!' 라고 생각하는 결핍 사고로부터 용감하게 빠져나와 예수님과 함께 가는 복된 삶을 누리시기를 기도합니다.

조성의 드림

* 실제 복음서에는 부자청년이 예수님의 처소로 찾아왔다는 기록은 없습니다.

＊본문에 인용한 성경 구절은 개역한글판 성경에서 가져왔습니다.

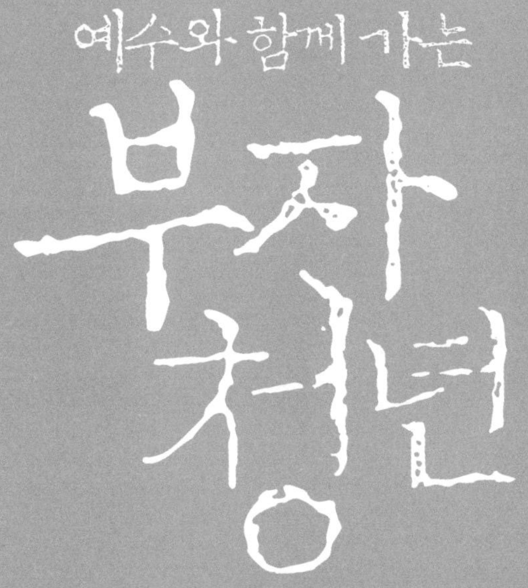

예수와 함께 가는

부자 청년

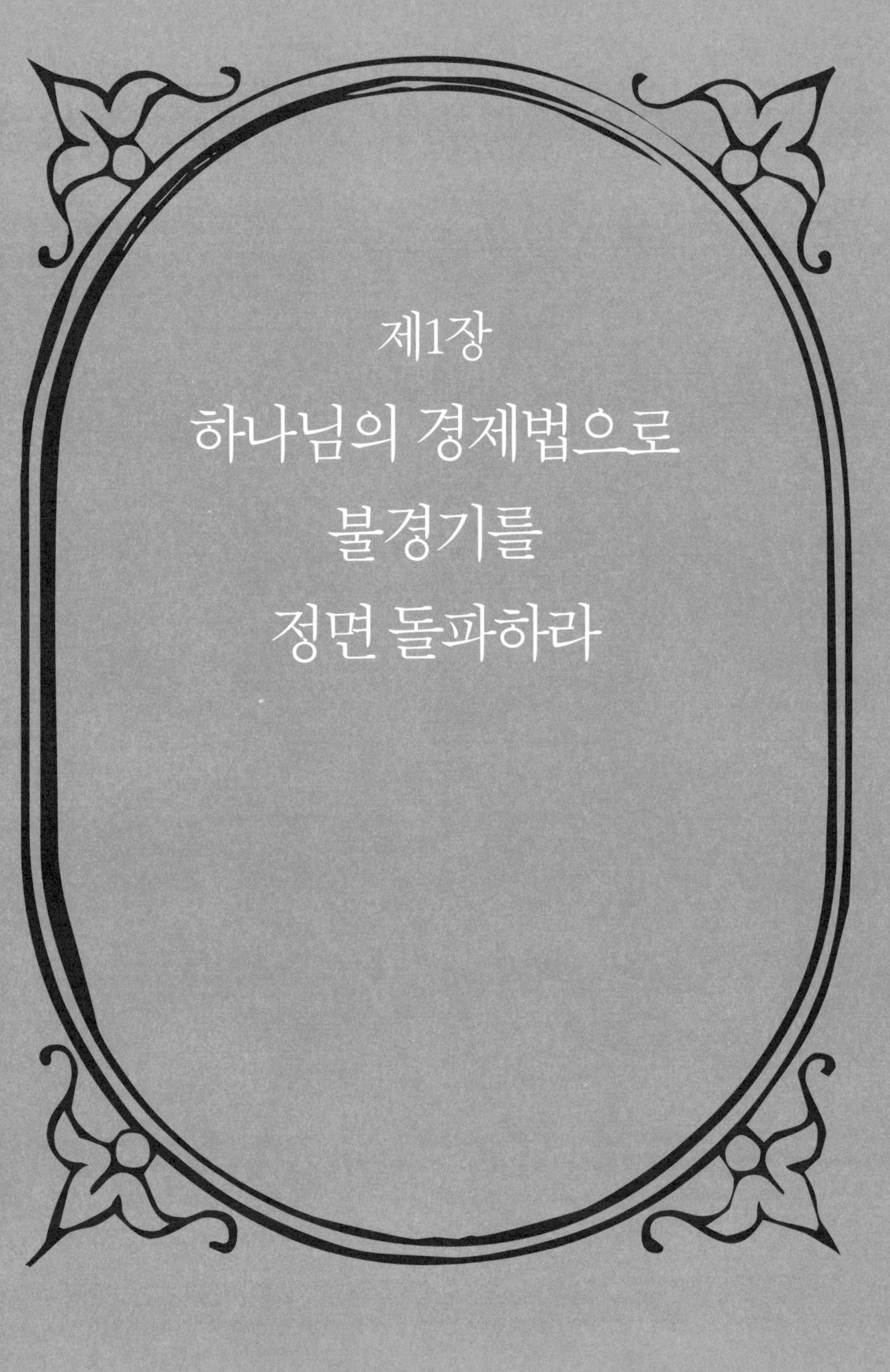

제1장
하나님의 경제법으로 불경기를 정면 돌파하라

네 하나님 여호와를 기억하라

그가 네게 재물 얻을 능을 주셨음이라

이같이 하심은 네 열조에게 맹세하신 언약을

오늘과 같이 이루려 하심이니라

-신명기 8:18

돈을 따라가는 유목민

하나님의 경제법칙을 알아야 승리한다

경제가 우리 삶의 가장 중요한 이슈가 된 지 오래다. 때로는 경제가 모든 사회 기능의 기준이 되어 버린 것처럼 느껴질 때도 있다. 경제가 사회 윤리를 대변하기도 하고, 정치의 옳고 그름을 판단하기도 한다. 심지어 "독재 정권이라도 좋으니 경제를 살려 내라."는 식의 말도 서슴지 않고 하는 세상이다. 앞으로 이런 기류는 더욱 심해질 것이다. 그만큼 다른 어떤 것보다 돈의 가치가 강력해진 것이다.

요즘 청소년들이 가장 선호하는 직업이 연예인이다. 잘 풀리면 재미있는 일을 하면서 유명해질 수도 있고, 무엇보다 돈을 많이 벌 수 있기 때문이라고 한다. 50년 전만 해도 상상하지도 못한 일이다. 연예인은 예전에 속된 말로 '딴따라' 라고 불리는 천대 받는 직종이었다. 그런데 50년이 지난 지금 연예인은 최고의 직업으로 각광 받고 있다.

이유는 돈 때문이다. 잘만 하면 저비용으로 고효율을 낼 수 있는 직업이기 때문에 너도 나도 연예인이 되고 싶어 한다. 만약 연예인 말고도 큰돈을 끌어 모을 수 있는 또 다른 직종이 생긴다면 사람들은 거기로 몰려들 것이다. 이렇듯 사람에게는 돈을 따라 이동하는 유목민적 근성이 있다.

신도시에서 고등학교 비평준화를 시행하던 시기에 '일산 백석, 분당 서현' 이라는 말이 있었다. 우리나라의 대표적 두 신도시인 일산에서는 백석 고등학교가, 분당에서는 서현 고등학교가 서울대 진학률이 높다는 이유로 만들어진 말이다. 그런데 고등학교 입시 평준화가 시행되자 재미있는 현상이 나타났다. 추첨으로 가까운 학교에 배정을 받게 되자 백석고, 서현고 주변의 아파트 값이 천정부지로 올라가 버린 것이다. 학교 주변에 살면 그만큼 이들 학교에 배정될 확률이 높았기 때문인데 비평준화를 시행하던 때에 3억 원 가량 하던 아파트 값이 지금은 무려 10억 원으로 올랐다고 한다. 도대체 이런 어이없는 일이 왜 생긴 걸까?

강남의 집값이 비싼 중요한 이유 가운데 하나도 주변 학군이다. 경쟁력 있는 고등학교를 졸업해 흔히 말하는 명문 대학에 진학하면 남보다 고급 지식을 축적할 수 있고, 결국 더 많은 부를 소유하게 된다는 것이 정설로 굳어지고 있다. 집값이 비싸다고 해도 그것을 상쇄하고도 남는 장기적인 경제 효과가 있다는 말이다. 이렇듯 경제적 논리에 따라 직업의 선호도와 집값이 정해진다. 경제가 사람들의 마음 중심에 단단히 자리 잡은 것이다.

그러므로 역으로, 이처럼 우리 삶에 중요한 자리를 차지하는 경제에 대한 하나님의 뜻을 알고 이 시대를 살아간다면, 우리는 지혜로운 승리자가 될 것이다. 기독교인은 사회에서 고립된 자들이 아니다. 우리는 이 사회의 일원이며, 하나님의 백성으로서 모든 부분에서 모델이 되어야 할 사람들이다. 그러므로 하나님의 경제가 사람의 경제와 어떻게 다른지를 알고, 하나님의 경제법으로 승리하는 방법을 배워야 한다.

지금부터 하려는 이야기는 바로 하나님의 경제법칙에 관한 것이다. 그 법칙에 귀를 기울이면 반드시 성공할 수 있다.

돈의 뉘앙스

'돈' 하면 떠오르는 감정이 무엇인가? 돈은 모든 사람에게 대단히 매력적인 존재이지만, 돈이 주는 의미는 좋지만은 않다. 예전에는 돈과 직접적으로 관련한 일을 하는 사람을 무시하는 풍조가 있을 정도였으니 말이다.

돈에 대단한 관심을 가지면서도 돈 자체에 대해서는 부정적인 생각을 하는 경향은 최근까지도 존재했다. 로버트 기요사키의 '부자 아빠 가난한 아빠' 가 출간되기 전까지, 책 제목에 '부자' 나 '돈' 이라는 단어 가 들어가는 것은 금기나 다름없었다.

이런 이중적인 인식은 교회라고 예외는 아니다. 특히 '돈은 일만 악의 뿌리', '돈을 사랑치 말라.' 와 같은 말씀을 읽으면 왠지 기독교인 은 돈을 가까이 하면 안 될 것 같은 느낌마저 갖게 된다.

잠시 정치 이야기를 해 보자. 정치하면 가장 먼저 떠오르는 것은 협 잡, 가식, 코미디라는 말이다. 입만 열었다 하면 거짓말을 내뱉는 정치 가들을 보면서, 정치를 사기처럼 느끼게 된 것이다.

하지만 정치는 원래 대단히 좋은 의미이다. 정치(政治)는 '일을 하 다, 회초리로 치다' 의 뜻을 나타내는 '등글월문(攵)' 과, 소리를 나타내 는 '바를 정(正)' 이 합하여 이루어진 '정사 정(政)' 과 '다스릴 치(治)' 로 구성된 한자이다. 즉 정치는 '부정을 바로잡고 몸을 바로 가지면 세상도 자연히 다스려진다.' 는 의미이다. 정치는 우리 사회를 바르게 유지시켜 주는 대단히 중요한 힘이며, 정치가 없으면 사회는 유지될 수 없다.

2005년, 성숙한 시민사회라고 하는 미국에 허리케인이 몰아닥쳤 다. 허리케인은 재즈의 본고장 뉴올리언즈를 덮쳤고, 그곳은 곧 행정 통 제력이 접근하지 못하는 난민 지역으로 변했다. 그런데 놀랍게도 상당 히 성숙한 시민들이 모여 산다는 그곳에서 가장 먼저 발생한 것은 약탈이었다. 뉴올리언즈의 사정이 이 정도라면 그보다 시민 성숙도가 떨어지는 국가들은 어떨까?

올바른 정치가 없다면 인간 사회는 언제든지 야만적인 상태에 빠질 수 있다. 정치가 주는 뉘앙스는 부정적이지만 정치는 근본적으로 좋은 것이며, 반드시 필요한 것이다.

돈도 마찬가지이다. 그러므로 돈을 바라볼 때 이중적이고 부정적인 뉘앙스를 걷어내고, 돈 자체를 객관적으로 보려는 시각이 필요하다.

돈 앞에서 갈등하는 기독교인

많은 기독교인들이 '돈은 좋은 것인가 나쁜 것인가?'라는 질문 앞에서 갈등을 겪는다. 돈은 하나님 나라의 지경을 넓히는 데 쓰이기도 하고, 반대로 마치 맘몬과 같이 하나님의 백성들을 굴복시키기도 하기 때문이다. 그러나 분명한 것은 돈 자체가 우상은 아니라는 것이다. 돈 그 자체에는 어떠한 능력도 없다. 다만 돈을 누가, 어떻게 사용하는지가 중요한 것이다.

12세기 말, 유럽에서는 수도원 운동이 왕성하게 일어났다. 자신의 소유를 포기하고 청빈과 고행을 통해 자기를 복종시키는 것을 성자다운 모습으로 이해하여, 많은 사람들이 수도원에 모여 공동생활을 했다. 그들의 목적은 타락한 기독교로부터 도피하여 자기를 정화하는 것이었다.

말하자면 기독교가 제 기능을 잃으면서 수도원 운동이 확산된 것이다. 당시 기독교는 교회의 타락과 성직자의 부패로 영적으로 사망선고를 받은 것이나 마찬가지였다.

당시 교회를 죽게 한 악성 바이러스는 바로 돈이었다. 교회를 교회답지 못하게 만든 중심에는 바로 돈이 있었다.

이런 모습을 보면서 사람들은 '돈=악한 것' 이라는 인식을 갖게 되었고, 이런 생각은 점차 굳어졌다. 성 프란체스코는 심지어 '돈이 있어야 할 적당한 자리는 거름 구덩이' 라고 말할 정도였다.

그러나 다시 한 번 기억할 것은 돈 그 자체는 선도 악도 아니라는 것이다. 부(富) 자체를 악하게 보지는 말아야 한다.

적합하게 사용만 한다면 돈은 오히려 하나님의 거룩한 도구가 될 수 있다. 하나님이 주신 부를 부정한 것으로 인식하는 고정관념에서 벗어나, 어떻게 그것을 하나님 나라의 확장을 위해 쓸 것인가를 고민해야 하는 것이다.

차별 없이 주어진 권리

부자의 운명은 타고나는가

옛 속담에 '큰 부자는 하늘이 낸다.' 는 말이 있다. 그만큼 우리 인식 속에는 부를 얻을 운명이 따로 정해져 있다는 생각이 자리 잡고 있다. '아무리 노력해도 정해진 운명은 어쩔 수 없다.' 는 생각이, 우리가 하나님으로부터 마땅히 얻어야 할 것들을 팔자소관으로 돌려 포기하게끔 만드는 것이다.

그러나 이것은 올바른 생각이 아니다. 하나님은 우리에게 하나님의 법칙, 즉 풍요와 빈곤의 법칙 가운데 하나를 선택하게 하신다. 우리는 성경 말씀에서 그 근거를 발견할 수 있다. 당신이 만약 '부의 획득은 운명적인 것' 이라고 생각하고 있다면, 다음의 성경 말씀이 그 생각이 틀렸다는 걸 증명해 줄 것이다. 신명기 8장 18절을 보라.

이 말씀은, 하나님이 우리에게 재물 얻을 자격을 주셨다는 것을 증명한다. 하나님은 우리에게 부요하게 될 능력을 주셨다고 말씀하신다. 그리고 우리가 부를 허락하신 하나님을 기억하길 원하신다. 과거 아브라함, 이삭, 야곱에게 부를 얻을 능력을 주신 하나님은 가나안으로 들어가는 이스라엘 백성에게도 동일한 약속을 주신다. 그리고 하나님은 지금 이 순간에도 영적인 이스라엘 백성인 당신에게 똑같은 말씀을 주신다!

그러나 잊지 말아야 할 것은 하나님이 돈을 공짜로 뿌려 주겠다고 약속한 것은 결코 아니라는 것이다. 하나님이 주신 것은 돈이 아니라 돈을 벌 능력이다. 그러므로 그 능력을 발휘하는 것은 우리의 몫이다.

부를 획득하는 것은 하나님의 뜻이며, 그것은 하나님이 주신 능력으로 가능하다.

그러므로 분명한 믿음의 고백이 필요하다. 하나님은 당신에게 재물 얻을 힘과 능력을 주셨다. 부의 획득은 운명에 달린 것이 아니라 하나님이 당신에게 주신 능력을 어떻게 사용하느냐에 달린 것이다.

하나님은 누구에게나 이런 능력을 주셨다. 하나님은 능력을 주실 때 차별하지 않는다. 하나님은 사람의 외모를 취하지 않고 중심을 보시는 분(행 10:34)이기 때문에, 우리에게 필요한 것은 바로 믿음이다. 믿음을 갖추면 다른 모든 것을 채워 주신다.

만약에 하나님이 사람을 외모로 취하고 편애하는 분이라면 우리의 운명은 정해져 있을 것이다. 즉 하나님이 주시면 받고 그렇지 않으면 손가락이나 빨다가 인생을 마치게 된다는 말이다. 하나님의 차별이 존재한다면 부의 획득은 '운명적인 것'이 될 것이다. 그러나 하나님은 결코 그렇게 말씀하시지 않는다.

하나님은 우리의 범사가 잘 되기를 바라시는 분이다. 우리의 영은 물론이요, 다른 모든 부분도 풍성하게, 마음껏 누리기를 원하신다. 우리가 풍요를 누리는 것이 하나님의 뜻에 어긋나는 것이라면, 하나님은 부를 얻을 능력을 주시겠다는 말씀을 결코 하지 않으셨을 것이다.

신명기 8장 18절을 다시 읽어 보라. 그리고 이 능력을 신뢰하여 하나님의 영광을 드러내겠다고 선언하라.

긍정적인 자세로 부를 얻을 권리를 누려라

재물 얻을 능력을 주었다는 것은 그것을 사용하는 사람에게 권리를 이양했다는 것을 의미한다. 만약 내가 여러분에게 "부하게 되거나 가난하게 되는 선택의 권리가 누구에게 있습니까?" 라고 묻는다면 여러분 중 몇몇은 "하나님께 있지요." 라고 답할지도 모른다. 그러나 그것은 틀린 대답이다.

물론 부의 근원은 하나님께 있지만, 부하게 되거나 가난하게 되는 선택은 사람이 하는 것이다. 바로 당신이 선택하는 것이다! 당신이 부를 선택하면 부하게 되고, 가난을 선택하면 가난하게 될 것이다. '낙관론도 좋다. 비관론도 좋다. 어느 쪽을 택할지는 전적으로 자기 자신에게 달린 것이다.' 라고 하비 멕케이는 말한다. 이왕이면 당신의 선택이 좀 더 긍정적인 것이기를 바란다.

사람은 긍정보다는 부정을 선택하는 경향이 있다. 다른 사람의 모습에서도 긍정적인 면보다는 부정적인 면을 많이 발견한다. '너는 다 좋은데 이게 문제야.' 라는 식의 접근이다. 그러나 부정적인 삶의 태도를 갖고 살면 모든 일이 꼬이기 마련이다. 지난 삶을 가만히 뒤돌아보라. 부정적인 생각 때문에 마땅히 누려야 할 하나님의 놀라운 복이 얼마나 많이 사라졌는지 확인할 수 있을 것이다.

최근 긍정의 힘에 대해 설파하는 한 사람이 전 세계적인 주목을 받고 있다. 미국 레이크우드교회의 조엘 오스틴 목사가 그 주인공이다. 그의 지서 『긍정의 힘』은 미국에서만 250만 부가 팔린 밀리언셀러이다. 그 책은 긍정적인 삶을 사는 사람이 성공한다는 내용을 담고 있다.

그런데 사실 그는 긍정적인 삶을 살 수 없는 사람이었다. 그는 텍사스의 한 지방 대학을 일 년 만에 중퇴했을 뿐, 정식 신학 교육을 받은 적도 없다. 그가 한 목회 준비는 단지 아버지 존 오스틴을 따라다니며 17년간 목회 방송의 프로듀서를 한 것이 전부이다. 만약 그의 아버지가 시무하던 레이크우드교회가 교단에 소속된 교회였다면 조엘 오스틴은 레이크우드교회의 설교자가 될 수 없었을 것이다.

이처럼 다른 사람들이 볼 때는 물론이고 자기 스스로 볼 때도 긍정적인 면이라고는 거의 찾아볼 수 없었던 조엘 오스틴은, 그러나 긍정적인 사고로 자신을 무장했다. 그리고 자기 안에 충만한 긍정의 바이러스를 주변에까지 퍼뜨리기 시작했다. 그 결과 레이크우드교회는 현재 3만 명이 모여 예배하는 초대형 교회로 성장하게 되었고, 예배 공간이 부족하여 휴스턴 로키츠의 농구장을 빌려야 하는 상황에 이르렀다.

이 모든 것이 긍정적인 사고의 결과이다. 긍정적인 사고를 가지고 하나님의 말씀이 나를 통해 이루어질 것이라고 믿음으로 선포한 순간, 선포한 모든 것은 당신 것이 될 것이다. 부정적인 말은 예언이 되어 실제로 현실을 부정적으로 만들며, 긍정적인 말은 삶에 생명을 부여하여 더욱 아름답게 만드는 것이다.

세계적인 기업인 암웨이의 회장 리치 디보스도 긍정적인 생각으로 성공한 사람이다. 그는 지극히 평범해 보이는 사람으로, 누구나 그를 향해 "안녕하세요. 리치!" 라고 말할 수 있을 정도로 친근한 인상과 성품을 지녔다. 그는 보스가 아니라 옆집 아저씨 같은 인상의, 46억 달러짜리 회사의 회장이다.

그가 이렇게 거대한 기업을 이룰 수 있었던 것은 그의 아버지인 사이먼 디보스의 말 때문이었다. 그의 아버지는 죽는 순간까지도 이렇게 말했다.

"리치! 네 사업을 해라. 스스로 너 자신의 미래를 통제할 수 있다고 믿어라. 너에게 그런 능력이 있다고 믿어라. 그리고 절대 포기하지 마라."

여러분도 마찬가지이다. 결코 포기하지 마라. 재물 얻을 능력을 주신 분을 실망시키지 말기 바란다. 능력이 당신 안에 있음을 믿고, 스스로에게 이렇게 말하라.

"내게는 능력이 있어. 하나님이 주셨지. 난 그것을 사용하여 하나님의 약속을 증명할 테다!"

복의 근원이신 하나님은 여러분의 고백을 듣고, 온 마음을 다해 응원해 주실 것이다!

풍요와 빈곤의 법칙

풍요한 삶을 사는 방법이 있다

하나님의 법칙을 통해 누구든지 가난해질 수도, 부요해질 수도 있다. 이 법칙은 결코 변하지 않으며 환경에 따라 바뀌지도 않는다. 중력의 법칙에 따라 사과가 땅에 떨어지는 것처럼 풍요의 법칙 역시 변하지 않는다. 쉽게 말해 풍요의 법칙은 자연의 법칙과 마찬가지인 것이다. 그러므로 아브라함과 이삭과 야곱에게 주신 법칙은 우리에게도 똑같이 적용된다.

그러면 어떻게 하면 풍요의 법칙에 따라 풍성한 삶을 누릴 수 있을까? 하나님은 우리에게 결코 완성품으로 풍요를 주시지 않았다. 대신 우리에게 능력을 주셨다.

성경은 풍요의 법칙으로 부를 얻을 수 있는 첫 번째 방법으로 '게으르지 말 것'을 요구한다. 즉 열심히 일해야 풍요의 법칙의 혜택을 보게 될 것이라고 말씀한다. 이렇게 말하고 싶은 사람이 있을지도 모른다.

"열심히 일하면 잘 살게 되는 건 당연한 결과 아닙니까? 우리는 그런 방법 말고 다른 걸 원해요. 하나님을 잘 섬겼더니 예상하지 못한 복을 받는 것을 기대한단 말입니다."

하나님은 복권이 아니다. 다시 한 번 말하지만 하나님의 방법은 법칙이다. 즉 보편적인 원리인 것이다. 열심히 일하지도 않았는데 많은 수확을 거두는 것은 하나님의 뜻이 아니다. 당신이 하나님을 믿고 열심히 일한다면 보편적 법칙을 통해 풍요를 얻게 될 것이다.

내가 증왕에 게으른 자의 밭과

지혜 없는 자의 포도원을 지나며 본즉

가시덤불이 퍼졌으며

거친 풀이 지면에 덮였고

돌담이 무너졌기로

-잠언 24:30~31

성경은 우리에게 일꾼이 그 삯을 받는 것이 마땅하다고 말한다(눅 10:7). 열심히 일한 당신은 당연히 보상을 받아야 한다. 그러면 이렇게 말하는 사람도 있을 것이다.

"난 열심히 일했는데 왜 그에 합당한 보상을 아직 받지 못했을까요?"

당신이 열심히 일했는데도 여전히 궁핍한 처지에 있다면, 풍요의 법칙 가운데 다음에 이어지는 또 다른 원리에 관심을 가져야 한다.

법칙2 베풀라

풍요의 법칙의 또 다른 원리는 베푸는 것이다. 이것은 마치 더 많은 씨를 얻기 위해 한 줌의 씨를 땅에 뿌리는 것과 같다. 농부가 땅에 뿌리는 씨앗을 아까워한다면 그는 늘 손에 쥐고 있는 한 줌의 씨앗에 만족해야 한다. 그러나 씨앗을 움켜쥔 손을 펴는 순간 농부는 몇 달 뒤 거둘 놀라운 수확에 대한 기대를 품게 된다. 그리고 기대는 농부에게 곧 현실이 된다. 대단히 간단한 원리이지만 많은 사람들이 실천하지 못하는 원리이다.

흩어 구제하여도 더욱 부하게 되는 일이 있나니

과도히 아껴도 가난하게 될 뿐이니라

구제를 좋아하는 자는 풍족하여질 것이요

-잠언 11:24~25

이렇게 생각하는 사람이 있을지도 모르겠다.

"그런데 말이죠. 그것 말고 다른 방법은 없나요? 이건 말도 안 되는 소리라고요."

비위에 거슬리는 말일지도 모르지만 이것이 바로 하나님의 법칙이다. 세상의 시각으로는 말도 안 될지 모르지만, 하나님의 생각은 세상의 생각과 다르다. 하나님은 세상을 초월한 분이기 때문에 세상과 꼭 맞지 않는다. 하나님이 세상을 만드셨지만 우리는 세상의 법칙으로 그분을 결코 다 이해할 수 없다(요 1:10).

미국 NBA의 올랜도 매직 농구팀의 수석 부사장이며, '예수님처럼 되는 법'의 저자인 팻 윌리암스는 자녀가 열아홉 명이나 된다. 그는 30여 권이 넘는 책을 출판한 작가이기도 하다.

사람들은 "대단하신데요. 자녀 욕심이 많으셨군요?"라고 말하기도 하고, 혹자는 그의 가정사가 왜곡된 것은 아닌지 의심의 눈초리를 보낸다. 그러나 놀랍게도 그의 열아홉 명의 자녀들 가운데 열네 명은 입양한 아이들이다.

그는 왜 미식축구 팀을 하나 만들어도 될 정도로 많은 아이들을 입양했을까? 이러한 삶의 방식에는 '베풂의 원리'를 실천하려는 그의 철학이 담겨 있다. 그는 가진 것을 베풂으로 많은 것을 희생해야 했지만, 시간이 지나면서 자신이 베푼 것보다 훨씬 더 많은 것을 얻게 된다는 사실을 발견하는 중이라고 고백한다.

법칙3 받을 것을 기대하라

세 번째 원리는 주실 것을 기대하는 것이다. 무언가를 기대한다는 것은 두 사람 모두에게 유쾌한 일이다. 둘 사이에 신뢰와 믿음이 있어야 무언가를 기대할 수 있기 때문이다. 그래서 우리가 기대할 때 종종 놀라운 일들이 생기는 것이다. 신뢰와 믿음이 기적의 씨앗인 셈이다.

두 명의 사도가 예루살렘 성전을 향해 걸어가고 있었다. 성전 미문에는 거지가 있었는데 이 사람은 날 때부터 걷지 못하는 사람이었다. 그는 꽤 오래 전부터 그 자리에 앉아 구걸했다. 이 사람은 예수님이 성전을 다니시는 것도 보았을 것이고, 각색 병을 고치시는 능력이 있다는 소문도 이미 들었을 것이다. 원하기만 하면 성전 미문까지 메고 오는 이들에게 부탁하여 예수님 앞에 나아갈 수도 있었을 것이다.

그런데 그는 그렇게 하지 않았다. 성전을 지나다니시는 예수님을 보고도 자신을 불쌍히 여겨 달라고 외치지 않았다. 왜일까?

대답은 사도행전 3장 4절과 5절에 있다. 베드로와 요한이 구걸하는 자에게 '우리를 보라.' 고 했을 때 '그가 저희에게 무엇을 얻을까 하여 바라보았다.' 고 성경은 기록하고 있다. 베드로와 요한을 바라보며 무엇을 얻을 것인지에 대한 기대감을 갖게 된 것이다. 그가 예수님께 아무것도 얻을 수 없었던 이유는 기대감을 갖지 않았기 때문이다. 만약 그가 예수님께 동전 몇 닢이라도 얻으려는 기대감을 가졌다면 그는 더 큰 것을 받았을지도 모른다.

그러나 그는 제자들에게는 무언가 받을 것을 '기대' 했고, 결국 일어나 걷는 기적의 주인공이 된 것이다.

탁월한 암 전문의 이병욱 박사는 유명한 의사이자 전도 왕이다. 그는 피를 볼 때와 환자를 볼 때 힘이 솟구치는 특이한 체질이다. 피를 볼 때 힘이 난다는 것은 그에게 의사로서의 자질이 있다는 말이며, 환자를 볼 때 힘이 솟는 것은 전도의 대상을 또 하나 만났다는 기쁨 때문이다. 그는 지금까지 약 4,000여 명을 하나님께 인도했다고 한다.

그러나 이병욱 박사에게도 시련이 있었다. 그는 학창시절, 동기들보다 의학 실력이 뒤쳐졌다. 그래서 인턴을 해야 할 때 써 주는 사람이 아무도 없어서 모두가 꺼려하는 당직의를 해야만 했다.

그때 인연을 맺은 것이 필리핀 의료 단기 선교였다. 이것은 그의 인생을 180도 바꾸는 계기가 되었다. 그는 단기 선교에 10년을 헌신했고, 하나님 앞에 약속한 10년을 채웠다. 레지던트 때는 모든 휴가를 단기 선교에 썼고, 아무도 후원해 주는 사람이 없어서 자신의 일 년치 봉급을 약품을 사는 데 쓰기도 했다. 모두들 바보 같은 짓이라고 손가락질했지만 그는 '자기의 식물을 강물에 던졌다.' 그러면서 오직 하나님만이 주실 수 있는 것을 기대했다.

20여 년이 지난 지금, 그는 누구보다도 뛰어난 암 전문의가 되었을 뿐 아니라 의술로 사람들의 영혼을 구원하는 사람이 되었다. 당직 인턴을 거쳐 눈 붙일 시간도 없던 레지던트 시절에도 그는 수입의 전부를 복음을 위해 던졌다. 지금 그는 그보다 훨씬 더 많은 것을 돌려받았다.

하나님께 받기를 기대하는 것은 부끄러운 일이 아니다. 도리어 경건한 행동이다. 하나님도 예수님을 이 땅에 보내실 때 더 많은 자녀들을 얻을 것을 기대하셨다.

법칙4 씨를 뿌리되 많이 뿌려라

네 번째 원리는 씨를 많이 뿌리라는 것이다. 이 역시 누구나 아는 간단한 원리지만 아무나 실천할 수는 없는 원리이다. 하나님의 원리는 절대 복잡하지 않다. 그러나 그것을 실천에 옮기려면 결단이 필요하다.

이것이 곧 적게 심는 자는 적게 거두고

많이 심는 자는 많이 거둔다 하는 말이로다

각각 그 마음에 정한대로 할 것이요

인색함으로나 억지로 하지 말지니

하나님은 즐겨 내는 자를 사랑하시느니라

-고후 9:6~7

하나님은 심는 자에게 심을 씨앗을 주시며, 자신의 것을 포기한 사람을 굶게 내버려 두시지도 않는다. '심는 자에게 씨와 먹을 양식을 주시는 이가 너희 심을 것을 주사 풍성하게 하시고 너희 의의 열매를 더하게 하시겠다.' 는 것이 하나님의 약속이다(고후 9:10).

농부가 씨를 뿌릴 때 한 톨을 심어 한 톨을 얻는 것은 정상이 아니다. 한 톨을 심어 한 톨을 얻는다면 아무도 심지 않으려고 할 것이다. 한 톨을 심고 6개월을 기다려 한 톨을 거둔다면, 농부는 시간과 자기 노동력을 손해 본 것이지만, 세상에 그런 법은 없다. 한 톨을 심으면 그보다 훨씬 더 많이 거두는 것이 당연한 결과이다. 성경은 '심는 자가 백배의 결실을 거둘 것' 이라고 말한다.

환경을 넘어서는 믿음으로 풍성히 거둬라

우리는 가지고 있는 씨를 심을 것인지 그냥 먹어 버리고 말 것인지를 선택해야만 한다. 믿음으로 심으면 풍요의 법칙에 의해 훨씬 많은 것을 거두게 된다. 그러나 믿지 못하고 먹어 버리면 빈곤의 법칙에 의해 씨앗의 껍데기만 손에 쥐게 된다.

씨 뿌리는 일에 관심을 가져라! 특히 하나님의 위대한 일을 위해 씨를 뿌리는 일에 열중하라. 사람들은 이렇게 말할지 모른다.

"우리는 지금 씨를 뿌릴 여력이 없습니다. 자녀를 위해, 이웃을 위해, 자기 발전을 위해 투자할 여유도 없습니다. 그런데 하나님의 일을 위하여 뿌리라고요? 너무 어려운 일이라고요!"

이런 반응은 어제 오늘의 일이 아니다. 예전에도 이렇게 말한 사람들이 있었다.

만군의 여호와가 말하여 이르노라

이 백성이 말하기를

여호와의 전을 건축할 시기가

이르지 아니하였다 하느니라

-학개서 1:2

그들의 변명거리는 환경의 어려움이었다. 지금은 씨를 뿌릴 환경이 아니라는 것이다. 그렇다, 인간의 눈으로 보면 씨를 뿌릴 시기가 분명 아니었을 것이다.

“지금 씨를 뿌리다니 미친 짓이지. 내 경험과 생각으로는 지금 씨를 뿌리는 것은 말도 안 되는 일이야. 하나님도 틀릴 때가 있는 것 아니겠어?”

이스라엘 백성들은 하나님의 방법이 아닌 사람의 방법대로 살았다.

그 결과, 많이 뿌렸는데도 적은 수입을 얻었다. 먹어도 배부르지 않았다. 마셔도 목이 말랐고, 아무리 옷을 껴입어도 추웠다. 마치 ‘열심히 일하여 수고한 일꾼이 자기 삯을 구멍 뚫린 전대에 넣음과 같아서’ 앞으로는 남는 것 같은데 뒤로는 밑지는 장사를 하고 있었던 것이다.

환경은 늘 하나님과 다른 길이다. 하나님의 길은 좁아 보이고 직선 도로도 아니다. 그래서 우리를 주저하게 만든다. 하지만 일단 그 길로 들어서면 세상의 길과 다른 점이 있는데, 그것은 바로 하나님을 벗 삼아 동행하게 된다는 것이다. 앞이 훤히 보이는 쭉 벋은 길은 아니지만 하나님과 이야기하며 오솔길을 걸어갈 수 있다. 또한 길이 끝날 즈음에는 상상하지도 못한 결과를 보게 된다.

우리의 경험과 하나님의 말씀이 충돌할 때 하나님의 말씀을 따라가는 사람은 적다. 사람들은 대부분 사람의 길을 따라간다. 그래서 성공하는 사람도 적은 것이다. 성공하는 인생이 되길 원한다면 반드시 넘어서야 할 것이 있다. 바로 ‘사람의 길을 따라가야 성공한다.’ 고 유혹하는 우리의 환경이다. 그런 속삭임에서 벗어날 때 우리는 비로소 성공의 길에 오르게 된다.

환경은 우리를 지배하려고 한다. 우리를 위축시키고 하나님을 보지 못하게 한다. 높은 산과 같은 환경은 고개를 숙이고 있는 우리 눈앞까지 어두운 그림자를 드리운다. 그러나 결코 환경에 지배당하지 말길 바란다. 환경에 지배당하면 씨를 뿌릴 수 없게 된다.

'풍세를 살펴보는 자는 파종하지 아니할 것이요, 구름을 바라보는 자는 거두지 아니하리라(전도서 11장 4절).' 라는 말씀을 잊지 말아야 한다. 환경을 보는 사람은 하나님을 보지 못하고, 하나님을 보는 사람은 환경을 보지 않는다. 환경을 보지 않고 하나님을 보는 사람이 하나님의 경제법칙에 순종하는 사람이다. 그는 심고 거둔다. 그것도 아주 많이 거둔다.

경제적 위기는 누구에게나 온다

우리 시대에 든 흉년

사람들은 지금을 '불경기'라고 한다. 많이 수고해야 겨우 적은 수익을 거둘 수 있는 힘든 시기를 맞은 것이다. 경영자들은 직원들 월급이나 제대로 줄 수 있겠느냐며 걱정하고, 회사원들은 오르는 물가와 깎인 월급 때문에 힘들어 한다. 주부들은 자녀들의 사교육비 때문에 허리가 휜다고 말한다. 마치 우리 시대에 흉년이 든 것 같은 느낌마저 든다.

최근 만난 기업가는 이런 말을 한다.

"투자요? 지금 투자를 하는 기업은 없습니다. 직원을 줄이지 못해 안달인데 직원을 뽑고 돈을 쏟아 부으라고요? 일단 경기가 좋아지길 기다려야죠. 그때 투자해도 늦지 않습니다. 새로운 것들을 연구, 개발하는 기업이 나중에 더 큰 수익을 거둘 수 있을지 모르지만 지금은 살아남느냐 죽느냐의 문제가 더 급해요. 미래에 얼마를 벌 수 있을까를 기대할 여유는 없습니다. 이럴 때는 그냥 가만히 있는 게 상책이이에요."

대부분의 사람들이 "이럴 때는 가만히 있는 것이 돈 버는 것이니 아무것도 하지 말라."라고 한다. 투자를 미루고 돈을 쥐고 있을 때라는 말이다. 현상 유지만 하면 감사하게 여기고 살라고들 한다. 그래서 기업들은 언제든지 해고할 수 있는 비정규직 노동자원을 선호하고, 할 수만 있다면 어떻게든 인력을 감축하려 한다. 이에 따른 반발로 근로자들은 파업과 같은 방법으로 권리를 지키려 한다.

세계적으로는 국제 분쟁이 끊이지 않고 원유 값은 계속 급등하고 있다. 유가 전문가들은, 기름 값이 조만간 배럴 당 100달러 이상으로 뛸 것으로 전망한다.

이 어려운 시기에 우리나라는 지정학적 위치 때문에 더 많은 위험 부담을 안고 있다. 세계에서 유일한 분단국가이며, 동시에 군사 분쟁 지역이기 때문이다. 같은 민족끼리 천문학적인 전쟁 억제 비용을 쏟아 붓고 대치하고 있는 것이 지금 우리의 현실이다. 게다가 북한은 핵개발이라는 민감한 사안을 가지고 국제사회와 대립하고 있다. 이러한 외부적 요인들 역시 우리의 삶을 더욱 어렵게 만들고 있다.

물가가 오르고 소비 심리는 위축되고, 위축된 소비 심리 때문에 장사는 더 안 되고, 그러니 버는 게 없고, 버는 게 없으니 더 안 쓰게 되고, 더 안 쓰다 보니 돈이 안 돌고, 돈이 안 돌다 보니 빚을 내고, 빚을 내다 보니 망하는 사람이 나오고, 망하는 사람들을 보면서 더욱 움츠러들고……. 이게 우리의 현실이다.

그러나 이러한 경제 불황, 경기 침체는 전혀 새로운 현상이 아니다. 그리고 놀랍게도 이를 극복하기 위한 새로운 해결책도 필요 없다. 왜냐하면 이미 성경 속에 이러한 경제 불황의 상황이 여러 차례 언급되었기 때문이다. 또 경제 불황을 이길 수 있는 방법 역시 아주 자세히 기록되어 있다.

어디에도 길이 없다고 생각하는 사람은 성경을 한 번 펴 보길 바란다. 그리고 하나님이 가르쳐 주신 불황 극복의 방법을 발견하라.

피할 수는 없지만 극복할 수는 있다

잊지 말아야 할 것은 경제적 위기는 모든 사람에게 온다는 것이다. 누구도 이 괴물을 피할 수는 없다. 마치 어떤 지역에 홍수가 나거나 가뭄이 들 때 그곳에 거주하는 모든 사람들이 피해를 입는 것과 마찬가지로, 경제적 위기 역시 사람을 가리지 않고 찾아온다.

이스라엘의 열왕 시대에 가뭄이 들었다. 당시 정권을 쥐고 있던 아합과, 그의 우상숭배 정책에 동조한 이스라엘 백성들이 영적으로 하나님을 배반했기 때문에 일어난 일이었다. 하나님은 엘리야 선지자를 들어 아합의 땅에 비를 그치게 하셨다. 하나님은 엘리야의 말이 있기 전까지 그 땅에 우로(雨露)를 주지 않겠다고 말씀하셨다. 그리고 엘리야를 그릿 시냇가로 옮겨 시냇물을 먹게 하셨다. 그런데 시냇물은 얼마 가지 않아 말라 버렸고 엘리야는 먹을 물을 구하러 다녀야 하는 지경에 이르렀다. 참담한 가뭄을 해결할 유일한 사람으로 부르심을 받은 엘리야조차도 그릿 시냇가의 물이 마르자 마실 물을 찾으러 다니는 신세가 되었다는 것을 잊지 말아야 한다.

어떤 사람도 불황을 피할 수는 없다. 그러나 중요한 것은 '피할 수는 없지만 극복할 수는 있다.'는 사실이다. 하나님의 사람에게는 '불황 극복법'이 있다는 것이다. 엘리야에게는 사르밧 과부의 순종이 해결의 열쇠였다.

이제 살펴 볼 이삭은 세상의 법이 아닌 하나님의 법에 순종하여 극심한 불경기를 이겨 냈다. 순종의 사람 이삭은 그의 이름에 담긴 뜻대로 늘 '웃는' 사람이었다. 그는 매우 낙천적인 사람으로 주어진 환경이 유쾌하지 않아도 웃어넘길 수 있는, 생각이 큰 사람이었다. 무엇보다 그는 모든 일에 하나님의 뜻이 숨어 있음을 인정하는 사람이었다.

이삭이 소년이었을 때 그는 남들은 경험하기 힘든 심각한 위기를 겪었다. 그 유명한 사건에 대해 다시 한 번 살펴보자.

하루는 아버지인 아브라함이 하나님께 번제를 드리러 모리아 산에 가자고 말했다. 이삭은 기쁨으로 따라나섰다. 3일이나 걸리는 험난한 여정이었다.

그런데 한 가지 이상한 점이 있었다. 제사를 지낼 때 쓸 땔감은 있는데 제물이 없었던 것이다. 제물 없이는 제사를 지낼 수 없다는 걸 누구보다도 잘 아는 아버지가 어째서 양이나 염소를 가져가지 않을까 하는 의구심이 들었다. 그래서 이삭은 아브라함에게 물었다.

"아버지, 왜 하나님께 제사할 제물이 보이지 않나요?"

아들 이삭을 제물로 바쳐야 한다는 사실을 알고 있는 아브라함은 이삭의 질문에 선뜻 대답하지 못했다. 제물에 대해 자꾸 묻는 이삭에게 "하나님께서 예비해 놓으셨다."라는 짧은 말밖에 할 수 없었다.

드디어 모리아 산에 도착한 아브라함은 종들을 산 밑에 남겨두고 이삭과 함께 산을 오르기 시작했다. 산 정상에 다다르자 갑자기 아브라함이 칼을 치켜들며 이렇게 말했다.

"이삭아, 하나님이 너를 제물로 바치라고 하셨다. 아버지는 너를 너무나 사랑하지만 하나님의 말씀을 거역할 수 없구나. 너를 잡아 각을 뜨고 번제로 드려야겠다."

이런 말도 안 되는 일이 일어나다니! 이삭은 순간 아버지의 손에서 칼을 빼앗아 버릴까 하는 생각을 했을지도 모른다. 그러나 그는 그렇게 하지 않았다.

'내가 지금 아버지의 칼날을 피한다고 해도 하나님이 나를 제물로 받으시겠다고 결정하셨다면 나는 제물이 될 수밖에 없는 운명이다. 이대로 하나님의 뜻에 순종할 수밖에.'

순간 놀라운 일이 일어났다. 어떤 강력한 힘이 아브라함의 높이 쳐든 칼을 멈춰 서게 한 것이다. 그리고 하늘에서 이런 음성이 들려 왔다.

"아브라함아, 아브라함아! 네가 독자 이삭을 아끼지 아니하였으니 이제 네가 나를 경외하는 사람인 것을 인정하겠노라. 보라, 제물이 예비되었으니 그것으로 내게 번제를 올려라."

사람들은 아브라함의 믿음에 경탄한다. 하지만 그에 못지않게 놀라운 것은 저항할 수 있었지만 하나님의 뜻에 순종한 이삭의 행동이다. 힘으로 대항했다면 그는 아브라함을 넘어뜨릴 수도 있었을 것이다. 그러나 그는 순종의 사람이었고, 그의 순종은 놀라운 결과를 만들어 냈다.

이삭이 만난 또 다른 어려움은 경제 불황, 즉 가뭄이었다. 아브라함을 약속의 땅에서 떠나게 했던 첫 흉년이 물러간 지 얼마 되지 않아 다시 무서운 가뭄이 이삭이 사는 지역에 닥쳐왔다. 성경은 이 흉년을 두 번째 흉년이라고 말하는데, 사람의 힘으로 극복하기 힘든 매우 심각한 가뭄이었다.

아브라함 때에 첫 흉년이 들었더니

그 땅에 또 흉년이 들매

이삭이 그랄로 가서

블레셋 왕 아비멜렉에게 이르렀더니

여호와께서 이삭에게 나타나 가라사대

애굽으로 내려가지 말고

내가 네게 지시하는 땅에 거하라

-창세기 26:1~2

가뭄이 몰아닥치자 사람들은 모두 애굽으로 내려가기 시작했다. 애굽은 나일 강이 낳은 넓고 비옥한 영토를 가지고 있었기 때문에 그곳으로 가면 적어도 굶어 죽지는 않을 것이라고 생각했기 때문이다. 사람들의 이주 행렬을 보면서 이삭 역시 불안과 두려움에 빠져들었을지도 모른다. 일가족이 가뭄 속에 죽을지도 모른다는 두려움은 이삭의 마음을 몹시 초조하고 무겁게 했을 것이다.

그때 하나님은 사람의 방법대로 살지 말라는 말씀을 이삭에게 주신다. 사람의 방법이 '가뭄이 없는 곳으로 피하는 것' 이라면, 하나님의 방법은 '가뭄과 맞서 싸워 결국 이기는 것' 이었다. 하나님의 음성과 사람들의 이주 행렬 앞에서 이삭은 자신의 삶의 방식을 결정해야만 했다.

삶의 방식을 결정하라

이런 상황은 지금 시대에도 늘 일어난다. 우리 역시 언제나 선택의 기로에 놓여 있는 것이다. 하나님의 방법과 사람의 방법은 항상 충돌하게 되어 있다. 진학을 앞둔 학생들은 학원과 교회, 공부와 예배 사이에서 갈등하게 되고, 직장인들은 직장 상사의 마음을 기쁘게 할 것인가, 하나님을 기쁘게 할 것인가를 선택해야만 하는 상황에 놓이기도 한다. 사업을 하는 사람들은 부정한 방법으로 돈을 모을 수 있는 길과 정당한 방법 중 하나를 선택해야 하는 상황에 종종 처하게 된다.

1981년, 제54회 아카데미 시상식에서 네 개 부문을 석권한 영화 '불의 전차'에는 이삭과 같은 결정을 내린 한 사람의 이야기가 나온다. 그 사람의 이름은 에릭 리들이다. 그는 영국의 육상 대표 선수로 1924년 파리에서 열린 올림픽에 참가했다. 그는 가장 뛰어난 실력을 지닌 선수였고, 누구나 그가 금메달을 딸 것으로 예상했다.

그런데 100미터 결승전이 갑자기 연기되어 주일에 경기를 치르게 되었고, 그는 깊은 고민에 빠졌다. 조국의 영광과 주일을 지키는 것 사이에서 고민하던 에릭은 결국 경기를 포기하기로 결정했다. 그는 운동 선수로서 누릴 수 있는 최고의 영광인 올림픽 금메달 대신 하나님의 뜻을 따르기로 결정했고, 100미터 결선에 참가하지 않겠다고 선언했다.

그의 선언은 엄청난 반발을 불러왔다. 사람들은 말도 안 되는 결정이라며 그를 비난했고, 언론 또한 '옹졸한 신앙인, 조국의 배신자' 라며 격렬한 비난을 쏟아 부었다. 그를 대신해 출전한 동료 헤럴드 아브라함은 국민의 성원에 힘입어 100미터 경기에서 우승을 차지했다. 그가 열렬한 찬사를 받으며 영광을 누리는 동안, 리들은 사람들의 비난에 시달려야 했다. 그러나 그는 자신이 외친 "나는 주일에는 뛰지 않습니다." 라는 말을 후회하지 않았다.

그런데 예상하지 못한 일이 벌어졌다. 400미터 경기에 출전하기로 되어 있던 선수가 갑자기 부상을 입어 경기를 치를 수 없게 된 것이다. 선수단은 리들에게 400미터에 출전하라고 지시했고, 그는 40.6초라는 놀라운 기록으로 조국에 금메달을 안겼다.

사람들은 그에게 주 종목도 아닌 400미터 경기에서 어떻게 금메달을 획득할 수 있었는지를 물었습니다.

"처음 200미터는 제가 할 수 있는 한 힘껏 달렸고, 나머지 200미터는 하나님의 도우심으로 더욱 힘껏 달렸습니다."

그러자 언론은 언제 그를 비난했냐는 듯 에릭 리들의 뛰어난 기량과 놀라운 신앙심을 칭송하기 시작했다. 그는 조국의 배신자에서 일약 영웅이 되었다. 그러나 리들은 모든 영광을 자신을 도구로 써 주신 하나님께 돌렸다.

에릭 리들은 금메달리스트의 안락한 삶을 뒤로 하고 선교사가 되기 위해 중국으로 떠났다. 사람들의 만류를 물리치고 그가 태어난 중국을 향해 출발하면서, 에릭 리들은 전송을 나온 사람들에게 이렇게 말했다.

"세상을 위한 그리스도! 이것이 우리의 좌우명입니다. 세상은 그리스도가 필요합니다."

1938년, 에릭 리들은 중국을 침략한 일본군에 체포되어 수용소에 억류되었다. 쥐가 들끓는 수용소에서 그는 부지런히 복음을 전했고 어려운 이들을 도왔다. 그러다 1945년 2월 21일, 뇌종양으로 세상을 떠나고 말았다. 세상 사람들이 보기에는 어리석고 실패한 삶이라 생각할지 모르지만 그는 진정한 자유를 누리며 복된 삶을 산 사람이었다.

당신의 결정이 때론 당신을 힘든 상황으로 몰고 갈 수도 있다. 비난받을 수도 있고, 경제적 어려움이나 육신의 고통을 가져 올 수도 있다. 그러나 분명한 것은 당신이 선택한 길이 하나님의 뜻과 일치한다면 그것은 옳은 선택이며 반드시 보상을 받는다는 사실이다.

불경기를 이기는 네 가지 방법

성경에 답이 있다

때론 풀리지 않는 문제 상황에 맞닥뜨린 것 같은 절망감을 느끼는 순간이 있다. 흉년을 맞은 이삭뿐이겠는가? 사업이 망하고 직장에서 쫓겨난 사람들이 우리 주변에도 허다하다. 대학을 졸업하고도 직장을 구하지 못해 좌절 속에 빠진 젊은이들, 카드빚에 몰려 죽음을 생각하는 사람 등 도무지 해결할 수 없는 경제적 난관 속에서 울부짖는 소리가 곳곳에서 들린다.

그러나 하나님은 결코 우리에게 해답 없는 문제를 내시지 않는다. 그렇다면 해답은 어디에 있는가? 바로 성경이다. 성경 속에 우리의 가난의 문제를 해결할 답이 있다. 하나님은 우리에게 궁핍을 주시려는 목적 때문에 경제적 어려움을 주시는 것이 아니다. 하나님은 우리가 하나님의 방법을 찾는 겸손한 모습을 보이기를 바라시는 것이다.

방법1 하나님의 말씀에 순종하라

경제적인 어려움을 극복하는 방법을 찾으려면 하나님의 말씀에 주목해야 한다. 하나님의 방법은 사람의 방법과 달라서 인간의 이성으로는 이해되지 않는다. 그렇기 때문에 하나님의 방법은 항상 우리를 고민하게 만든다. 아무리 이해하려고 해도 이해가 되지 않을 때가 많다.

그래서 하나님의 방법은 이해하는 것이 아니다. 하나님의 방법은 그대로 믿고 순종하는 것이다. 지금까지 하나님의 방법을 이해하려고 했다면 이제 그만 포기하기 바란다. 그리고 이런 질문을 스스로에게 던져 보길.

'하나님의 방법대로 따를 것인가?'

창세기 26장 5절에 보면 '아브라함이 내 말을 순종하고 내 명령과 계명과 내 율례와 내 법도를 지켰기 때문에 그에게 복을 주었다.' 라고 말씀하고 있다. 하나님의 백성이 된다는 것은 곧 순종의 삶을 의미한다. 굽은 길을 가던 인생에게 곧은 길은 도무지 이해할 수 없는 길이다.

'무조건' 이라는 기차를 타고 '하나님의 명령과 법도' 라는 철로를 달린다면 반드시 약속의 종착역에서 '실현된 하나님의 약속' 을 만날 것을 믿으라. 위대한 거부 아브라함처럼 말이다.

네 자손을 하늘의 별과 같이 번성케 하며

이 모든 땅을 네 자손에게 주리니

네 자손을 인하여 천하 만민이 복을 받으리라

이는 아브라함이 내 말을 순종하고

내 명령과 내 계명과

내 율례와 내 법도를 지켰음이니라 하시니라

-창세기 26:4~5

철저한 순종은 하나님께 복을 얻는 가장 큰 조건이다. 단지 교회에 몇 번 출석했다고 해서 하나님의 복된 백성이 되는 것이 아니다. 전도할 때 사람들은 종종 이렇게 말한다.

"교회에 나오세요. 복을 받고 만사형통합니다."

이것은 바른 말이 아니다. 교회에 나온다고 만사형통하는 것은 아니기 때문이다. 하나님을 무당처럼 생각해서는 안 된다. 하나님의 복을 받는 참된 비결은 하나님의 말씀에 순종하는 것뿐이라는 사실을 잊어서는 안 된다. 그분의 명령과 계명과 율례와 법을 지켜야 하는 것이다.

아브라함에게 복을 주신 이유 또한 그것이었다. 이삭도 마찬가지였다. 극심한 경제 불황에 허덕이는 우리에게 요구하시는 것 또한 그것이다. 하나님께 순종하라!

기근과 흉년을 만난 많은 사람들은 애굽으로 가려고 했다. 애굽은 지정학적으로 풍요함을 상징한다. 나일 강을 끼고 있는 토지들은 비옥한 상태를 늘 유지할 수 있었고, 거기서 나온 풍성한 수확으로 애굽은 화려한 문명과 왕조들을 탄생시켰다. 말하자면 애굽은 사람들이 좋아할 만한 것으로 넘치는 땅이었다.

그렇다면 애굽의 영적인 의미는 어떨까? 도대체 애굽이 상징하는 것은 무엇일까? 그곳은 물이 많은 곳이다. 물이 곧 생명과도 같던 시대, 애굽은 사람의 마음을 잡아끄는 엄청난 매력을 주는 땅이었다. 비록 노예로 살망정 고기 가마 곁에 있을 수 있는 곳이었다(출 16:3). 게다가 다산의 기쁨이 있는 곳이었다. 또한 풍부한 자원을 바탕으로 또 다른 자원을 만들 수 있는 곳이었다. 요즘 말로 투자 수익을 올릴 수 있는 곳이 바로 애굽이었다.

그러나 그곳은 하나님이 없는 땅이었다. 사람의 눈에 보기엔 지극히 매력적인 땅이었지만 하나님은 계시지 않는 곳이 바로 애굽이다. 사람들은 애굽에서 모든 문제를 해결할 수 있으리라 기대했지만, 그곳에는 하나님이 계시지 않았기 때문에 근본적인 문제 해결은 불가능했다. 애굽으로 가면 당장 목을 축일 물을 마실 수 있겠지만, 그것은 마치 바닷물을 마시는 것과 같아서 순간의 해갈이 지나간 뒤에 더욱 타들어가는 목마름만이 남을 뿐이다.

사람들이 가뭄을 피하려고 사람의 방법대로, 사람이 좋아하는 곳으로 달려가고 있는 그 현장에 이삭이 서 있었다. 하나님은 이삭에게 사람의 방법을 따라 애굽으로 가지 말고, 하나님의 방법대로 그 땅에 머물러 있으라고 말씀하신다.

하나님은 택한 백성에게 특별한 계획을 가지고 계신다. 그것은 모든 사람이 포기한 곳에서 얻게 하시고, 모든 사람이 버린 곳을 차지하게 하시며, 거기서 놀라운 복을 받게 하는 것이다.

하나님은 이삭에게 바로 그러한 계획을 가지고 계셨다. 애굽으로 내려가지 말라는 하나님의 말씀은 이러다 당장 굶어 죽을지도 모른다는 위기의식을 가진 이삭에게 사형선고와 같았을 수도 있다. 지금 우리의 경우도 마찬가지이다. 하나님의 방법을 따르는 데에는 용기가 필요하다. 그만큼 어렵다.

무엇보다 경쟁에서 이겨야 한다는 강박관념이 하나님의 방법이 아닌 사람의 방법을 선택하도록 만든다. 남들보다 더 많은 노력을 해야만 좋은 결과를 얻을 것 같고, 남들보다 직장 상사에게 더 잘 보여야 승진할 수 있을 것 같고, 남다른 술수를 써야 경쟁에서 승리할 수 있을 것 같다. 물론 이렇게 사는 것이 무조건 나쁜 것만은 아니다. 때로는 '뱀 같이 지혜롭게' 슬기로운 방법을 써야 할 때도 있을 것이다.

그런데 문제는 우리의 궁극적 목적이 되어야 하는 하나님을 포기한다는 것이다. 만약에 세상 것을 위해 하나님을 포기한다면, 세상이 주는 것을 얻을 수 있을지도 모른다. 그러나 결코 하나님을 얻을 수는 없다. 애굽으로 내려간 사람들은 애굽의 풍요를 얼마간 누렸지만 하나님을 잃어버리게 되었다. 그곳에는 하나님이 계시지 않았기 때문이다. 애굽으로 내려가라고 속삭이는 교활한 속삭임에 대해 하나님은 단호하게 말씀하고 계신다.

"날 만나라. 날 찾으라. 나를 기다려라.
나의 말을 청종하고, 그 뜻에 순종하라.
그것이 네가 사는 길이다."

이삭은 세상의 방법을 선택하지 않고 하나님의 방법을 선택했다. 다들 걱정하며 비웃었을 것이다. 그러나 결과는 어떻게 되었는가?

이삭이 그 땅에서 농사하여

그 해에 백배나 얻었고

여호와께서 복을 주시므로

그 사람이 창대하고 왕성하여

우리는 이 말씀을 보면서 한 가지 사실을 발견할 수 있다. 이삭이 결국 사람들이 추구하는 것을 얻었다는 것이다. 하나님은 이삭을 복 받을 만한 존재로 여기셨다.

하나님께 순종하는 것은 엄청난 희생을 요구할 때도 있다. 그러나 순종에 따른 보상을 받을 때는 희생의 내용이 무엇이었는지도 생각나지 않을 만큼 하나님의 선물은 크다. 받은 은혜를 보며, '내가 도대체 뭘 희생했나, 내 희생의 대가라고 하기에는 너무 크지 않은가.' 라고 반문할 만큼 강력한 것이다.

사람들의 말, 즉 '어디 가면 돈을 벌 수 있다더라, 어느 나라가 풍요하다더라.' 라는 풍문에 의지해서 장막을 옮기지 마라. 하나님의 명령 없이 세상의 풍문을 따라다니는 것이 얼마나 위험한 일인지 알아야 한다. 성경은 우리가 있는 그곳이 어디든지 바로 거기서 복을 얻을 수 있다고 말한다.

성읍에서도 복을 받고

들에서도 복을 받을 것이며

(······)

네가 들어와도 복을 받고

나가도 복을 받을 것이니라

-신명기 28:3,6

축복의 조건은 무엇인가? 그것은 '여호와의 말씀을 삼가 듣고 오늘 날 우리에게 명하는 그 모든 명령을 지켜 행하는 것' 이다. 그러면 우리에게 닥친 경제적 불황을 극복할 수 있다.

방법3 기근 중에라도 많이 뿌려라

많은 사람들이 불경기에는 손에 쥔 것을 움켜잡고 있어야 한다고 말한다. 안 쓰면 남는다고 생각하는 것이다. 그러나 하나님의 방법은 다르다.

창세기 26장 12절을 잘 살펴보면 '이삭이 그 땅에서 농사하여 그 해에 백배나 얻었고 여호와께서 복을 주시므로 창대하고 왕성하여 마침내 거부가 되었다.' 고 말한다.

성경을 볼 때 우리는 "이삭이 복을 받았대! 거부가 되었다는구면!" 하며 결과에만 관심을 갖는다. 그러나 이삭이 백배나 거두고 거부가 되기 전에, 그 땅에서 농사를 지었던 사실은 생각하지 않는다. 사실 더욱 놀라운 정보는 그것인데도 말이다.

땅에 기근이 들었는데 이삭은 농사를 짓고 싶었을까? 비가 올 확률
이 거의 없는 메마른 땅에 피 같은 종자를 뿌린다면 얼마나 바보 같은 행
동인가? 이삭이라고 그것을 몰랐을까? 종자를 뿌려 봐야 말라 비틀어져
결국에는 싹도 못 틔우고 죽어 버릴 거라는 두려움이 분명 이삭에게도
있었을 것이다. 그러나 이삭은 두려움을 뒤로 한 채 씨를 뿌렸다. 그리
고 뿌린 것의 백배를 거두어 들였다.

복음서에 등장하는 씨 뿌리는 자의 비유를 보라. 농부가 뿌린 씨앗
은 늘 옥토에만 떨어지는 것이 아니다. 때로는 길가에, 때로는 돌밭에,
어떤 경우에는 가시덤불 사이에 떨어져 뿌린 자의 기대를 저버리기도
한다. 그러나 좋은 땅에 떨어진 씨앗은 길가나 돌밭에 떨어져 죽어 버린
씨앗이 있었는지조차 기억나지 않게 할 만큼 농부를 기쁘게 한다.

혹시 씨를 뿌리다가 실패한 경험이 있는가? 그래도 뿌려야 한다. 하
나님의 방법대로 뿌리고 있다면 씨앗이 동이 나기 전에 하나님을 만나게
될 것이다. 우리의 씨앗이 돌밭에 떨어져 있다면, 또다시 가시덤불에 떨
어지는 아픔이 찾아올 수도 있다. 그러나 견뎌 내야 한다. 하나님을 신뢰
하고 그 아픔을 넘어서면 머지않아 엄청난 보상이 다가올 것이다.

1940년대 초, 최초로 에베레스트 정복에 나선 에드먼드 힐러리는 뜻
을 이루지 못하고 산을 내려와야만 했다. 그러나 그는 포기하지 않았다.

힐러리는 에베레스트 재정복을 준비하는 중에 영국의 한 모임에서

강연을 하게 되었다. 연단 앞에 나온 힐러리는 주먹을 들어 벽에 걸린 에베레스트 사진을 향해 큰 소리로 외쳤다.

"에베레스트여! 처음엔 네가 날 이겼다. 하지만 이번에는 내가 널 이기겠다. 왜냐하면 넌 이미 성장을 멈췄지만 난 계속해서 자라고 있기 때문이다!"

강연에서 이렇게 선포한 지 일 년 뒤에 그는 선포를 현실로 만들어 냈다. 1953년 5월 29일, 에드먼드 힐러리는 네팔의 세르파와 함께 최초로 에베레스트에 올라선 사람이 되었다. 그 후에도 그의 씨 뿌리기는 멈추지 않았다. 그는 수많은 사람들에게 도전을 주었으며, 뉴질랜드에서 가장 존경받는 도전 정신의 산 증인이 되었다. 그는 사람들에게 "내가 정복해야 할 것은 산이 아니라 바로 나 자신이었다."라고 고백했다. 씨 뿌리는 것은 환경을 넘어서는 것이며, 상황 앞에 서 있는 자기 자신을 넘어서는 것이다.

방법4 하나님을 향한 투자를 아끼지 마라

씨를 뿌려야 한다. 씨를 뿌리되 무엇보다 복음을 위하여 씨를 뿌리는 사람이 되어야 한다. 하나님께 드리는 일에 인색한 사람이 되지 말고 하나님의 사역을 위하여 투자하는 사람이 되길 바란다. 이 세상에 하나님보다 더 훌륭한 기업은 어디에도 없다.

미국에서 가장 큰 기업은 GE(General Electric)이다. 이 기업 하나를 팔면 우리나라의 모든 상장기업을 살 수 있다고 한다. 2004년 기준으로 GE 주식의 37퍼센트면 우리나라 모든 회사의 경영권을 쥘 수 있다고 한다. 만약에 당신이 투자를 한다면 분명 이런 기업에 투자하고 싶을 것이다. 이런 기업을 하나 더 알려 주겠다. 바로 또 다른 GE(God Effect)라는 기업이다. 여기에 투자하라. 하나님이라는 기업에 투자하는 사람은 반드시 성공할 것이다.

성경의 원리로 부자가 되기를 원한다면 세상의 원리는 포기해야만 한다. 주변의 많은 사람들이 세상의 원리를 따라 애굽으로 향할 때 이삭은 하나님의 원리를 따라 지시하는 땅에 머물렀다. 그리고 그 메마른 땅에 씨를 뿌렸다. 모두가 기근이 들었다고 버린 땅에 하나님의 말씀을 좇아 씨를 뿌렸다. 나는 그가 즐거운 마음으로 씨를 뿌렸다고 생각하지 않는다. 많이 힘들었을 것이고 두려움도 있었을 것이다. 울며 씨를 뿌렸을 것이다. 그러나 그의 울음은 곧 웃음으로 바뀌었다.

울며 씨를 뿌리러 나가는 자는

정녕 기쁨으로 그 단을 거두리로다

-시편 126:6

기근이 닥쳤을 때 세상의 선택은 도피하는 것이다. 피하고 보는 것이다. 가뭄이 들었을 때는 식물을 쥔 손을 펴지 않는 것이다. 그러나 하나님의 선택은 머무는 것이고, 가뭄을 피하지 않고 씨를 뿌리는 것이다. 손에 쥐고 있던 식물을 물에 던지는 것이다(전 11:1).

세상의 원리를 따르는 사람은 씨를 뿌리지 않는다. 풍세를 살펴보는 자는 파종하지 않는다. 구름을 바라보는 자는 거두어들이지 않는다(전 11:4). 그러나 하나님은 이렇게 말씀하신다.

너는 아침에 씨를 뿌리고 저녁에도 손을 거두지 말라

이것이 잘 될는지, 저것이 잘 될는지

혹 둘이 다 잘 될는지 알지 못함이니라

-전도서 11:6

사람들이 애굽으로 이주하는 것을 보며 두려워하는 이삭에게 하나님은 이렇게 말씀했을 것이다.

"이삭아! 두려워 말라. 주변 여건과 환경을 보지 마라. 현재의 기근은 바라보지 마라. 바람과 구름을 무시해라. 내가 네게 복을 주리니 너는 내게 순종하고 씨를 뿌려라. 그러면 거둘 것이다."

만약에 이삭이 세상의 방법을 따라 애굽으로 가 버렸다면, 굶어 죽지는 않았을지 모르지만 결코 큰 축복을 얻지는 못했을 것이다. 우리도 마찬가지다. 우리가 세상의 원리대로 살아간다면 그럭저럭 남들만큼 살아갈 수 있을지도 모른다. 그러나 결코 하나님이 주시는 풍성한 복을 누리며 살지는 못한다.

분명히 기억해야 할 것은 우리에게 닥친 기근이 하나님께 드리는 것을 멈추게 해서는 안 된다는 것이다. 역경은 하나님께 드리는 일을 중단시키는 이유가 될 수 없다.

가루 통이 마르지 않는 축복의 사람이 되라

여기까지 읽고 고민에 빠지는 사람이 있을 것이다. 내가 얼마 전에 만난 한 사람은 이 이야기를 듣고 깊은 고민에 빠졌다. 마치 영생의 문제 때문에 예수님 앞에 나왔던 청년 관원처럼 그는 벅찬 문제를 가슴에 안고 가야만 했다. 그는 "사회생활 해 보세요. 그런 이야기 못 하실 겁니다. 장난이 아닙니다." 라고 말하며 돌아갔다.

물론 사회생활은 장난이 아니다. 만약 그렇다면 하나님은 그분의 방법대로 사는 사람을 찾으려고 그토록 노력하지도 않으실 것이다. 장난이 아니기 때문에, 피를 흘리는 전쟁이기 때문에 하나님은 오직 하나님께만 목숨을 건 사람을 찾고 계시며, 그런 사람에게 하나님의 방법대로 성공할 수 있는 길을 열어 주시는 것이다.

믿고 안 믿고는 당신의 자유이다. 선택의 자유는 늘 우리에게 있다. 다만 성경은 분명히 하나님의 방법은 힘들고, 패하는 것 같고, 쓰러져 다시 일어날 수 없는 것 같지만 결국에는 그렇지 않다는 것을 보여 주고 있다. 처음에는 사람들에게 바보 같은 짓이라는 놀림을 받지만, 얼마 지나지 않아 하나님의 방법은 빛을 발하게 된다.

경제적으로 어려움을 당했을 때 세상은 우리에게 돈을 모으고 철저하게 관리하라고 말한다. 긴급한 일이 아니면 한 푼도 쓰지 말라고 한다. 이럴 때 낭비하는 것은 바보 같은 짓이라고 말한다. 그렇다. 어려울 때 낭비하는 것은 바보 같은 짓이다. 그러나 하나님의 방법대로 살기 위한 일에 인색한 것은 더욱 더 바보 같은 짓이다.

기근이 들었을 때 세상에서 내놓는 처세술은, 조금 남아 있는 곡식을 긁어모아 조금씩, 조금씩 먹다가 결국에는 굶어 죽는 것이다. 그러나 하나님의 사람은 순종하고 하나님의 명령과 계명과 율례와 법을 지키되 믿음으로 씨를 뿌려 백배를 거둔다.

이삭 한 사람만으로는 믿음이 생기지 않는다면 사르밧 과부를 기억하라. 사르밧 과부는 모으고 모아서 날마다 조금씩 먹다가, 결국 한 끼분의 먹을거리만을 남겨 놓았을 때 하나님의 방법을 만났다. 그리고 어떤 길을 선택할지 결정해야 했다. 이 아까운 걸 자식과 함께 먹어 버리고 죽을 것인가 아니면 나눠먹기가 미안할 정도인 이 양식을 하나님의 종에게 드린 후에 한 끼니 덜 먹고 죽을 것인가를 선택해야 했다.

과부는 믿음으로 후자의 방법, 즉 하나님의 방법을 택했다. 결과는 어떻게 되었는가? 실패했을까? 굶어 죽었을까? 과부는 기근이 끝날 때까지 가루 통이 다하지 아니하는 복을 받았다. 기름이 마르지 않는 하나님의 은혜를 날마다 눈으로 보게 된 것이다.

오늘날에도 그때처럼 믿음으로 하나님의 방법을 택하는 사람은 믿음에 합당한 대우를 받게 된다. 당신의 가루 통이 마르지 않는 축복의 사람이 되기를 바란다. 하나님의 방법이 승리한다는 지극히 당연한 기적, 그 기적의 주인공이 되길 바란다.

당신이 기억해야 할 풍요의 법칙 네 가지

1 열심히 일하라

하나님은 우리가 게으르게 사는데도 거저로 부를 주시는 분이 아니다.

그러나 당신이 하나님을 믿고 열심히 일한다면 반드시 풍요를 얻게 될 것이다.

2 베풀라

움켜진 손을 펴는 순간 당신은 놀라운 수확을 기대해도 된다.

베풀라. 백배의 결실로 돌아올 것이다.

3 받을 것을 기대하라

하나님이 당신에게 가장 좋은 것을 주시기를 기대하라.

기대는 하나님에 대한 당신의 신뢰와 믿음의 증거이다.

당신의 기대는 놀라운 일들을 일으킬 것이다.

4 씨를 뿌리되 많이 뿌려라

한 톨을 심으면 그보다 훨씬 더 많이 거두는 것이 당연한 자연의 이치이다.

그러므로 당신도 더 많이 뿌려라.

하나님은 심는 자에게 씨와 먹을 양식을 주시는 분이시다.

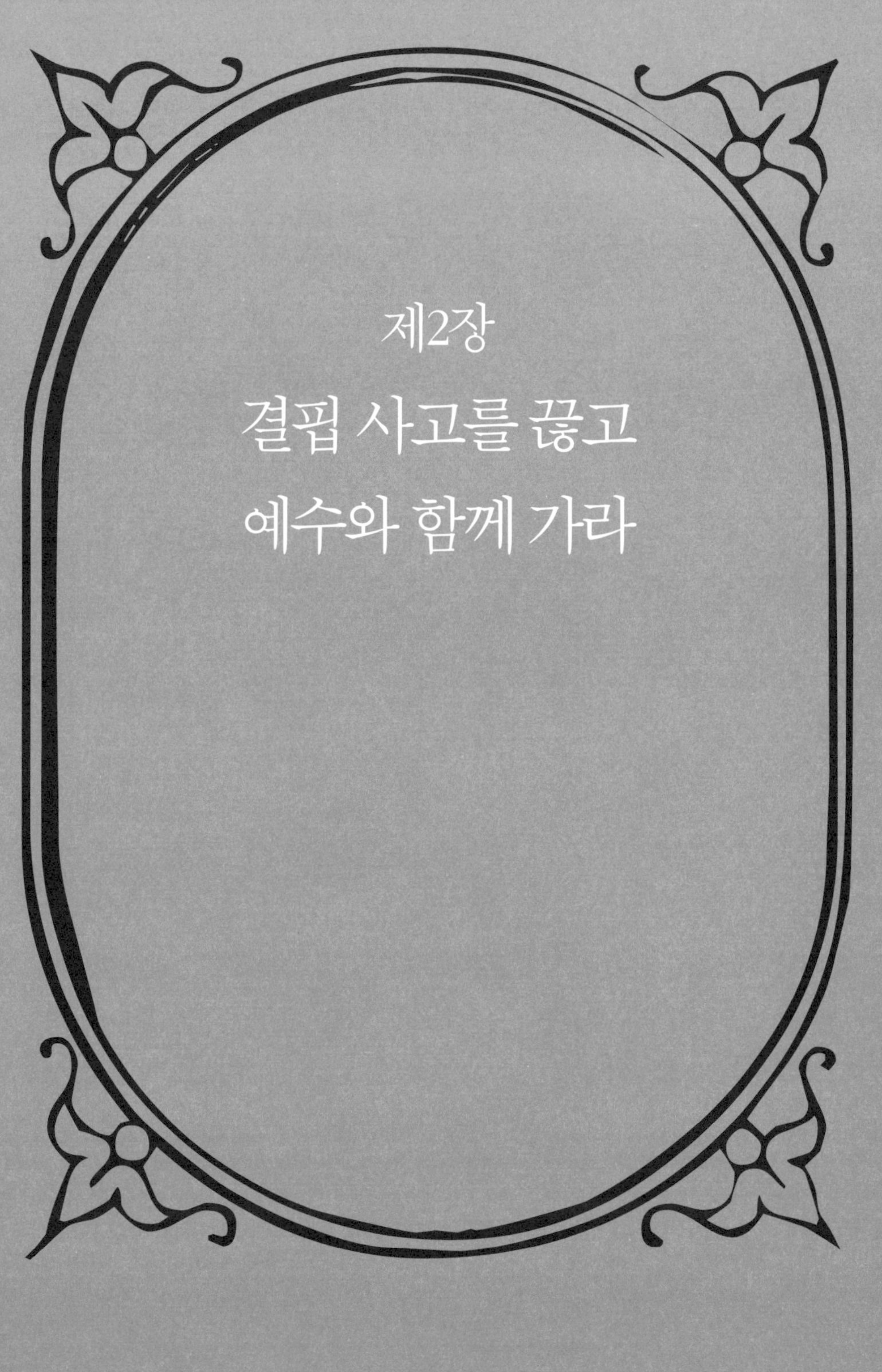

제2장
결핍 사고를 끊고
예수와 함께 가라

예수께서 그를 보시고 사랑하사 가라사대

네게 오히려 한 가지 부족한 것이 있으니

가서 네 있는 것을 다 팔아 가난한 자들을 주라

그리하면 하늘에서 보화가 네게 있으리라

그리고 와서 나를 좇으라 하시니

-마가복음 10:21

결핍 사고란 무엇인가

과거지향적인 사고를 하는 이유

우리나라의 대표적인 인사말은 '안녕하세요?' 이다. 그런데 여기에는 우리 민족의 슬픈 한이 서려 있다. 안녕이라는 단어를 한문으로 쓰면 '편안할 안(安)', '편안할 녕(寧)' 이다. 보통 인사할 때 그 앞에 '밤새 안녕하셨습니까?' 라고 하기도 하는데 이렇게 인사를 하게 된 이유가 있다. 과거 우리나라에는 보릿고개처럼 식량이 부족한 시기가 있었고, 그때 사람이 굶어 죽는 경우가 많았다. 밤을 새고 아침에 나와 보면 어제 만났던 이웃이 송장으로 나오는 일이 허다했던 것이다. 그래서 사람들은 아침에 만나면 밤새 안녕했는지를 묻게 되었다.

그런데 이것은 아침에 나누기에 적당한 인사법은 아닌 듯하다. 왜

냐하면 아침은 만물이 생동하는 시간이며 진취적인 하루의 시작인데 이 말은 과거의 것을 끄집어내기 때문이다. 아침 인사부터 과거지향적이다 보니 모든 일에 과거 중심적으로 응대하고 반응하는 것이 습관이 되어 버리는 것 같다. '안녕하세요?' 라는 인사를 받을 때마다 '좋은 날 되세요, 멋진 하루가 될 것입니다.' 등의 미래 지향적인 인사를 한다면 더 좋을 거라는 생각을 하게 된다. 그래서 어떤 이들은 '안녕하세요?' 대신 서양식으로 '좋은 아침' 이라고 인사하자고 주장하기도 한다. 일리 있는 의견이다.

이밖에도 우리 사회에는 과거지향적인 사고가 만연해 있는 것이 사실이다. 사람들이 자주 사용하는 말 가운데 '왕년에' 라는 말이 있다. 과거에는 지금과 비교도 안 될 만큼 괜찮았다는 허세를 부릴 때 자주 사용하는 말이다. 속된 표현으로 '잘 나갔다' 고 말하는 것이다. 그래서 사람들과 이야기하다 보면 과거에 1등 못해 본 사람이 없고, 부자 아니었던 사람도 없다.

그런데 놀랍고 안타까운 것은 미래에 대하여 이야기하는 사람은 많지 않다는 것이다. '왕년에 내가' 라는 말을 하는 사람은 많이 만났지만 '앞으로 나는' 에 대해 말하는 사람은 그리 많이 만나보지 못했다. 왜 그럴까? 왜 사람들은 자신의 미래에 대하여 기대하지 못하는 것일까?

그러나 어떤 사람은 자신의 미래에 대한 분명한 기대감을 갖고 있다. 우리는 그런 사람을 '비전의 사람'이라고 부른다. 그런 사람은 "나는 앞으로 이러 저러한 사람이 될 겁니다."라고 당당하게 말할 수 있는 사람이다. 그런데 이런 사람이 주변에 그리 많지 않다. 다들 불확실한 현재를 살아가면서 자신의 미래에 대하여 큰 기대를 못하고 있는 것이다. 아마 누군가 형편을 물을 때 우리가 하는 가장 흔한 말은 "그저 그렇지 뭐!" 일 것이다.

당신의 대답은 어떠한가? "하나님의 은혜가 넘치고 있습니다. 나의 미래는 정말 기대가 됩니다."라고 대답할 수 있는가? 그런데 안타깝게도 우리 가운데 많은 사람들이 간신히, 그저 그렇게 형편을 꾸려 나간다고 말한다.

이유가 무엇일까? 왜 우리의 형편이 "날마다 하나님의 은혜로 차고 넘칩니다. 그래서 주체할 수 없습니다." 라고 말하지 못하고 "그저 그렇지 뭐!" 라고 할 수밖에 없을까?

결핍 사고가 만연한 세상

우리는 자주 "하나님은 우리의 아버지가 되신다." 라는 고백을 한다. 정말인가? 물론 정말이다. '영접하는 자 곧 그 이름을 믿는 자들에게는 하나님의 자녀가 되는 권세를 주셨으니' 라는 말씀과 같이 우리는 하나님의 자녀로서의 권세를 누릴 수 있는 자격이 있는 사람들이다. 하나님은 만물의 주인이시며, 모든 것을 자기 소유로 삼고 계신 분이다.

그런데 하나님이 만물의 주인이시라면 그분의 자녀인 우리는 그 만물을 누려야 마땅하지 않을까? 자녀들이 아버지의 재산을 마치 자기의 것인 양 사용하는 것이 당연하듯이 하나님의 것을 우리가 사용하는 것은 당연한 일이다.

그런데 지금 우리의 사정은 어떠한가? 날마다, 모든 부분에서 흡족하게 자녀의 권세를 누리고 있는가? 누가 보아도 당당한 하나님의 자녀다운가? 만약에 그렇지 못하다면 문제가 있는 것이다. 문제가 있는 정도가 아니라 아주 심각한 것이다.

하나님이 우리의 아버지라면 왜 우리의 삶이 그렇고 그런 삶이 되어야 하는가? 왜 우리는 마땅히 누려야 할 자녀의 자리에 서 있지 못한 걸까?

그 이유는 우리가 알게 모르게 누군가에 의해서 조장된 결핍 상태에서 살기 때문이다. 원래 우리는 엄청난 풍요 가운데 살아야 하지만, 그렇게 되지 못하는 이유는 누군가가, 그 어떤 무언가가 우리로 하여금 당연히 누려야 할 풍요함과 우리 사이를 이간질하고 있기 때문이다.

왜 부족한가?

남아프리카의 다이아몬드 광산의 주인들과 국제 다이아몬드 유통업자들은 해마다, 유통되는 다이아몬드의 양을 적절히 조절한다. 만약 다이아몬드가 한꺼번에 출고되면 다이아몬드는 더 이상 최고의 보석으로서의 가치가 없어진다는 것을 잘 알기 때문이다. 그래서 그들은 때로는 유통되는 다이아몬드를 다시 고가에 사들이기도 하고 심지어 폐기하기도 한다. 이렇게 공급을 조절함으로써 늘 높은 가격을 유지하는 것이다. 만약에 이러한 조절이 없다면 우리는 모두 5캐럿짜리 다이아몬드 반지를 끼고 있을지도 모르는 일이다. 적어도 지금처럼 소수의 사람들만이 다이아몬드를 소유할 수 있는 상황이 되지는 않을 것이다.

이라크에서 벌어지는 전쟁 역시 같은 맥락에서 이야기할 수 있다. 미국은 처음에, 이라크가 소유한 대량 살상 무기인 화학 무기와 생물학 무기를 찾아 그것을 폐기하겠다는 명목으로 전쟁을 일으켰다. 그러나 아무리 찾아도 그런 무기는 나타나지 않았다. 그러자 미국은 은근슬쩍 자신들이 전쟁을 하는 목적이 독재자로부터 민중을 해방시키기 위한 것이었다고 선전하고 있다. 그러나 민중을 위하여 일으킨 전쟁에서 이미 650만 명의 난민이 발생했고, 날마다 4만 명의 난민이 추가로 발생하는 상황이다. 그럼에도 미국은 여전히 세계의 경찰국가 역할을 하는 것이 시대의 사명이라는 그럴듯한 말을 만들어 내어 모든 불량 국가를 청소하겠다고 큰 소리치고 있다.

하지만 알 만한 사람들은 대부분 알고 있다. 전쟁의 근본적인 목적은 세계 제2위의 석유 매장 국가의 헤게모니를 쥐기 위한 것이었다는 걸 말이다. 이라크를 손에 쥐면 엄청난 부를 얻게 된다는 것을 알기 때문에 무모한 전쟁을 벌이고 있는 것이다. 전쟁이 끝나면 전후 복구 사업에 미국의 기업들이 뛰어들 것이고, 미국 기업들은 막대한 오일 달러를 챙겨 갈 것이다. 싼 값에 오일을 취득할 권리를 얻을 뿐 아니라 비싼 값에 복구 사업을 수주할 수 있을 것이기 때문에 장기적으로 미국은 큰 이익을 얻게 된다. 전쟁 역사상 승리자가 재정적으로 파산한 경우는 단 한 번도 없었다는 사실을 기억해 보라.

사람들은 왜 미국이 이라크에서 무모한 전쟁을 시작했는지 잘 모를 수도 있다. 그러나 국제 정세를 이해하면 답은 간단해진다. 자신들만은 오일 결핍에서 자유롭기 위한 것이다.

원유 카르텔이 존재하는 목적도 각 나라에 공급되는 원유의 유통을 일정하게 통제하여 공급 과잉으로 인한 원유의 가격이나 효용성이 떨어지지 않게 하려는 데 있다. 그래서 세계의 원유 공급은 언제나 약간 모자란 상태로 있는 것이다. 만일 OPEC이나 또 다른 오일 카르텔의 방해만 없다면 우리는 리터당 1,500원보다는 훨씬 싼 가격에 휘발유를 사게 될 것이다. 적어도 "기름 값이 비싸서 차 못 타고 다니겠네." 라고 한탄하는 일은 없을 것이다.

석유뿐만 아니라 식량까지도 이러한 눈에 보이지 않는 결핍의 통제 가운데 있다. 정부는 추곡수매를 통해 시장에 유통되는 식량의 가격을 적절히 조정한다. 만일 이러한 조정이 없다면, 식량은 지금보다 더 싼 가격으로 팔리게 될 것이다. 그러나 식량을 통제하여야 하는 여러 가지 이유 때문에, 굶주리는 사람이 존재함에도 불구하고 식량을 폐기하거나 창고에 쌓아 두는 것이다. 최근에 만난 한 농업 공무원은, '북한이 아니었으면 남아도는 쌀을 쌓아 둘 창고를 임대하느라 힘들었을 텐데, 북한에 식량 원조를 하는 덕에 한 시름 돌리게 되었다.' 는 말을 해 주었다.

이렇게 이 사회 안에는 눈에 보이지 않는 결핍의 통제가 존재하고 있다. 그것이 무엇이든, 주체가 누구인지에 상관없이 우리는 결핍의 통제 속에 있는 것이다. 때로는 정부가, 때로는 이익 단체들이, 심지어는 자기 자신이 스스로를 결핍의 통제로 가두어 버린다.

이것은 눈에 보이는 세계에서만 통용되는 원리가 아니다. 눈에 보이지 않는 우리의 영적인 세상을 통제하려는 어떤 존재가 있다. 우리를 궁핍 가운데 처하게 하려는 존재가 있음을 분명히 인식해야 한다. 따라서 그 존재와 싸우지 않으면 우리는 전쟁에서 승리할 수 없다. 결핍의 통제를 벗어나기 위하여 영적인 싸움을 하지 않으면 하나님의 풍성함을 경험하지 못하고 마는 것이다. 그러면 어떻게 해야 승리할 수 있을까? 어떻게 우리는 하나님의 풍성함에 동참할 수 있을까?

결핍 사고의 공격

이스라엘의 혼탁한 열왕 시대에, 백성들의 희망이었던 선지자 엘리사에게 강대국 아람의 군대 장관인 나아만이 나병을 치료받기 위해 찾아왔다. 당시 나병은 신의 저주로 걸린다고 여기는 불경한 병이었다. 나병에 걸린 것이 알려지면 나아만 장관은 모든 직위를 포기해야만 하는 처지였다. 절망한 그에게, 이스라엘의 선지자 엘리사에게 가면 나병을 고칠 수 있다는 희망의 소리가 들렸다. 나아만은 엘리사를 찾아갔고 나병은 깨끗이 나았다.

자신을 그토록 괴롭힌 나병을 치료받은 나아만은 엘리사에게 사례로 많은 재물을 주려고 했다. 그러나 엘리사는 한사코 나아만의 사례를 거절한다. 이 모든 상황을 불만의 눈초리로 지켜보는 한 사람이 있었으니 바로 엘리사를 보좌하던 게하시였다.

"아니, 엘리사 선지자님이 왜 저러시나? 지금 우리 선지 학교에 부족한 것이 얼마나 많은데. 선지생도들이 밥을 굶고 있는 건 신경도 안 쓰시나? 저 정도 재물이면 선지 학교를 운영하는 데 문제가 없을 텐데."

성경에는 게하시를 '엘리사의 사환'이라고 기록하고 있다. 그는 엘리사의 선지 학교를 운영하는 실무 책임자였을 것이다. 엘리사가 살았던 시대에 게하시의 이름이 종종 등장한다. 게하시는 엘리사의 사역에 많은 도움을 주었고, 엘리사 역시 그의 업무 처리 능력을 인정했던 것 같다.

그런데 문제는 게하시가 결핍 사고에 빠져 있었다는 것이다. 결핍 사고라는 것은 무엇인가? 바로 내 손에서 사라지면 없어진다는 생각을 갖는 것이다. 또 내 손에 들어와야 할 것이 들어오지 못할 때 마음이 불안해지고 두려워 떨다가 결국 추구해야 할 가치를 버리는 것이 결핍 사고이다.

결핍 사고를 버리지 못했던 게하시는 엘리사의 뜻과는 달리 나아만의 뒤를 쫓아가 재물을 요구하고 만다. 결국 그는 더 이상 엘리사의 충성스런 사환으로 쓰임 받지 못하게 되었다.

엘리사는 결핍 사고에 빠져 불의한 재물을 취한 게하시에게 이렇게 말한다.

"지금이 어찌 은이나 옷을 받으며 감람원이나 포도원이나 양이나 소나 남종이나 여종을 받을 때냐?"

당시 불법을 자행하던 선지자들은 자신의 이익을 위하여 거짓 예언을 하며 예언의 대가를 취하고 있었다. 그들은 더 이상 하나님의 선지자가 아닌, 무당과 같은 존재들이었다. 선지자가 돈을 위하여 거짓 예언을 하던 시대에 엘리사는 선지자의 길이 무엇인지 세상에 보여주고 싶었다. 나아만의 재물을 받으면 선지 학교를 운영하고 사역하는 데 큰 도움이 되겠지만 그것은 하나님의 뜻이 아니었기 때문에 포기해 버린 것이다. 지금 당장은 형편이 힘들어도 하나님이 선지 학교를 책임져 주실 것을 믿었기에 엘리사는 결핍 사고에서 자유로울 수 있었다. 그러나 게하시는 눈앞의 문제에 집중했기 때문에 그를 공격하는 결핍 사고에 지고 만 것이다.

결핍 사고를 가진 사람은 눈앞에 어려운 현실을 만나면 가치보다는 현상에 집중하게 되고, 결국 하나님의 뜻을 보지 못한다. 결핍 사고는 상황을 창조적으로 볼 수 없게 한다. 늘 일차원적으로 생각하고 일차원적인 행동을 한다. 그래서 결국 일차원적인 삶을 살게 되는 것이다.

로버트 리프레이의 칼럼에 재미있는 이야기가 나온다. 이 이야기는 결핍 사고로부터 벗어나면 어떤 결과를 얻게 되는지를 깨닫게 해 준다. 1킬로그램의 쇠붙이를 고철로 팔면 5달러를 벌 수 있는데 이것을 말발굽으로 가공하여 팔면 10달러 50센트를 번다. 그러나 섬세한 바늘을 만들어 팔면 353달러를 벌게 되고, 면도날을 만들면 3,285달러에 팔 수 있다. 만약에 이 쇠붙이로 정밀한 시계 부품을 만든다면 가격은 25만 달러가 된다고 한다. 쇠붙이로는 큰돈을 벌 수 없다는 제한된 결핍 사고로부터 자유하지 못하면 그것을 들고 고물상을 전전해야 하는 신세로 끝나지만, 결핍 사고를 뛰어넘으면 명품 시계 회사를 드나들게 되는 것이다

예수를 찾아온 부자청년

근심하며 돌아간 청년

어느 날 한 젊은이가 예수님을 찾아왔다. 그는 남부러울 것 없는 환경에 있는 사람이었다. 좋은 집안 출신이었을 뿐 아니라 많은 재물을 소유했으며, 율법에도 능통한 사람이었다. 또한 율법을 아는 것에 그치지 않고 몸소 실천하는 삶을 사는 사람이었다. 율법에 능통하다는 것 그리고 그 율법을 지키며 산다는 것은 결코 쉬운 일이 아니다. 어쩌면 그는 랍비처럼 존경 받는 경건한 사람이었을지도 모른다.

게다가 그는 영적인 것에 대한 갈급함까지 지닌 사람이었다. 이 사람이 예수님을 찾은 이유는 단 한 가지였다. 그는 영생을 얻는 방법이 알고 싶었다. 남들은 육신의 세계를 살아가기에 급급할 때, 이 청년은 좀 더 깊은 세계에 관심을 가지고 있었던 것이다. 그래서 예수님께서도 그에게 남다른 애정을 느끼셨다. 그리고 이렇게 말씀하셨다.

예수님은 청년에게 모든 소유를 포기하라고 말한다. 그것을 포기하면 하늘의 보화를 얻게 된다는 말씀과 함께. 그러자 부자청년은 '슬픈 기색을 띠고 근심하며 돌아갔다.'

그가 이처럼 근심하며 돌아간 이유는 무엇일까? 본문의 '근심하며 가니라.'라는 부분에서 '근심하다'의 헬라어 동사는 '뤼페오'를 쓰는데 이는 '절망적인 고통에 빠졌다.'는 뜻을 포함한다. 부자청년은 하나님과 돈, 둘 중에서 어떤 것을 선택할 것인지를 고민한 것이 아니라 '여기서는 내가 원하는 영생에 대한 해답을 들을 수 없구나.'라고 생각하고 절망 가운데로 빠져버린 것이다. 이유는 뭘까?

그것은 그가 돈을 포기할 수 없었기 때문이다. 돈을 포기하지 않고 영생을 얻을 방법을 찾으려 했는데 그것이 어렵게 되자 절망해 버린 것이다.

이 사람이 그토록 절망한 이유는 무엇인가? 그가 부자였기 때문일까? 아니다. 그보다 더 근본적인 것은, 그가 '돈을 포기할 수 없다.'는 철저한 결핍의 사고방식에 빠져 있었기 때문이다. 내가 재물을 포기하면 아무것도 남지 않아서 어쩌면 굶어 죽을지도 모르고, 더 이상 풍족한 삶을 누릴 수도 없게 되고, 다른 사람들에게 손가락질을 받는 비참한 인생이 될 것이라고 생각하는, 즉 '쓰면 없어진다.'는 결핍의 사고방식이 그를 지배하고 있었기 때문이다.

흔히 이 성경 구절을 보면서 '돈이 많으면 예수 믿기가 쉽지 않구나!'라고 생각하기 쉽다. 그래서 돈은 예수를 믿는 데 있어서 걸림돌이라고 생각하며, 예수를 좀 잘 믿어 보려면 가난해야 하고 다 버려야 한다고 생각할 수 있다. 또 부자들은 자기가 가진 재산 때문에 영생과 멀어지면 어쩌나 하는 불안감을 가질 수도 있다. 그러나 성경은 그것과는 차원이 다른 이야기를 우리에게 하고 있다는 걸 잊어서는 안 된다.

성경은 결코 돈이 많기 때문에 예수를 따를 수 없다고 말하지 않는다. 돈은 그저 상징일 뿐이다. 말하자면 부자청년에게는 돈이 '가장 중요한 것'이었기 때문에 그것을 포기하라고 하신 것이다.

만약에 그에게 어린 아들이 하나 있다고 치자. 그리고 그가 아들을 끔찍하게도 사랑했다고 하자. 그렇다면 예수님은 '네게 한 가지 부족한 것이 있는데 네 자녀를 버려두고 나를 쫓으라.' 하고 말했을 것이다. 그 말에 부자청년은 뭐라고 대답했을까?

"예, 예수님! 당연히 버려야지요. 주님을 위하여 모두 버리겠습니다."

이렇게 말했을까? 아마도 그는 돈을 포기할 수 없어 절망에 빠진 것과 똑같은 절망에 빠져 버렸을 것이다.

왜 그럴까? 그것은 이 사람이 결핍의 사고에 젖어 있기 때문이다. 내가 자녀를 포기하면 자녀를 잃게 된다는 결핍의 사고, 내가 돈을 포기하면 더 이상 그 돈은 내 것이 아니라는 결핍의 사고를 가지고 살았기 때문에 예수님을 따를 수 없었던 것이다. 그는 결핍의 사고로부터 자유롭지 못했다. 그것 때문에 절대로 예수님을 따를 수 없었던 것이다. 그리고 이 사람뿐 아니라 어느 누구나 '자기가 가진 것을 포기하면 그것은 더 이상 자신이 누릴 수 없는 것이 되고 만다.' 는 결핍 사고를 버리지 못한다면 예수님을 따를 수 없다.

안타깝게도 많은 사람들이 결핍의 사고를 가지고 살아간다. "내가 가지고 있는 것을 쓰면 그것은 더 이상 내 것이 아니다. 그래서 아끼고 모으고 쥐고 있어야 한다."라고 생각하는 것이다. 그래서 누군가가 "주님을 위하여 그것을 좀 내놓으시죠?" 라고 말하면 마치 부자청년처럼

"헉!" 하고 놀라게 되는 것이다. 채워 주신다는 하나님의 말씀보다는 세상이 압박하는 결핍 사고에 더 영향을 받는 것이다.

당신의 경우는 어떠한가? 결핍 사고로부터 얼마나 자유로운가? 여러분이 가진 것 가운데 가장 중요한 것이 주님을 따르는 데 방해가 되고 있지는 않는가? "당신의 자녀를 주를 위한 선교사로 키우시죠?" 라고 누군가가 말하면 "이 사람이 축복은 못할망정 악담을 하네." 라고 반응하지는 않는가? "당신의 딸은 성품이 좋으니 사모가 되어 목회자를 돕는 사역을 하는 게 좋겠네요." 라고 말하면 "검사, 판사, 의사, 변호사 다 놔두고 왜 하필 목사야. 사자라고 똑같은 사자인 줄 아나." 라고 신경질적으로 반응하지는 않는가? 자기를 포기하는 것이 결핍으로 가는 지름길이라고 생각하는 한 우리는 부자청년의 삶에서 결코 벗어날 수 없다.

결핍의 통제를 끊어라

우리를 통제하는 결핍 사고로부터 자유롭게 되는 방법은 무엇일까? 우리의 사고를 결핍 사고로 만들지 않는 방법은 어떤 것일까?

예수님은 돈을 포기할 수 없었기 때문에 근심하며 돌아간 사람을 보며, '부자가 천국에 들어가는 것이 약대가 바늘귀를 통과하는 것보다 어려운 일' 이라고 말씀하셨다. 그러자 제자들이 놀라며 예수님께 물었다.

"그러면 도대체 누가 구원을 얻을 수 있겠습니까?"

그때 예수님께서 참으로 현명한 답을 제자들에게 주셨다.

예수님의 대답은 사람은 할 수 없으나 하나님은 하실 수 있다는 것이었다. 사람이 만든 제한된 결핍 사고에 빠지기보다 모든 것에 풍성한 하나님을 의지할 때 자기의 것을 포기할 수 있게 된다는 것이다. 오직 제한된 결핍 사고로부터 자유롭게 되는 방법은 하나님을 철저하게 신뢰하고 의지하는 것뿐이라는 말씀이다. 그때 비로소 하나님의 나라를 얻을 수 있게 된다는 말이다.

너무나도 유명한 미국의 대 부호 록펠러는 지금도 미국인들에게 가장 존경받는 부자로 기억되고 있다. 그는 자신의 재산으로 사회를 건강하게 하는 일을 했으며, 부자가 어떻게 살아야 하는지를 후대 사람들에게 가르쳐 주었다. 그러나 그도 처음부터 그런 것은 아니었다. 쉰다섯 살이 되었을 때 그는 극심한 건강의 위기를 만났다. 그의 사업은 절정기를 맞이하고 있었지만 돈을 벌기 위해 몸을 혹사한 결과 비스킷 하나도 제대로 먹을 수 없을 만큼 심각한 질병으로 고통당해야 했고, 보석으로 장식한 침대에 누워 있었지만 '번창하는 사업이 망하면 어쩌나.' 하는 불안 때문에 불면증에 시달렸다.

그는 '이렇게 사는 것이 무슨 의미가 있는가?' 라는 생각을 했고 그래서 이전과는 다른 삶의 방식을 결심하게 된다. 그것은 바로 돈의 노예가 아니라 돈의 주인으로 사는 것이었다.

그가 이런 결정을 내리게 된 동기는 그의 영적 주치의였던 프레드릭 게이츠 목사가 보낸 한 통의 편지 때문이었다.

"회장님의 재산은 마치 눈덩이가 불어나듯이 엄청난 속도로 불어나고 있습니다. 돈이 불어나는 속도보다 더 빨리 재산을 처분하지 않으면 회장님의 손자의 손자의 손자까지 재산에 치여 죽을지도 모릅니다."

록펠러는 게이츠 목사의 편지를 마치 영생을 찾기 위해 왔던 부자에게 주셨던 예수님의 소명으로 받아들였다. 성경에 등장하는 부자는 고민하며 돌아가 버린 실패한 인생이었지만 록펠러는 달랐다. 그는 이 사건을 계기로 이전과는 다른 사람이 되었다. 그동안 그를 사로잡고 있던 결핍 사고가 깨져 버린 것이다.

가장 탐욕스러운 기업가에서 가장 자비로운 사회사업가로 변신한 록펠러는 자신이 벌어들인 돈을 다른 사람들을 위해 쓰기 시작했다. 그

전까지 그는 자신의 재산이 늘 부족하다고 생각했다. 그러나 이전과는 다른 삶의 방식을 결정하고부터, 자신의 재산이 너무나 많다는 생각을 하게 되었다. 당시에 그 어떤 사람보다 더 많은 돈을 가지고 있었지만 결핍 사고에 빠져 있던 록펠러는 채워지지 않는 욕망을 위하여 더 많이 벌고자 했다. 그러나 아무리 많은 재산이 있어도 결핍 사고를 가진 이상 만족을 얻는다는 것은 불가능한 일이다. 결국 그의 삶의 이유였던 돈을 포기한 순간, 즉 결핍 사고를 깨뜨려 버린 순간, 그는 죽음의 위기에서 벗어났을 뿐 아니라 오히려 더 많은 부를 얻는 사람이 되었다.

록펠러가 결핍 사고로부터 자유로워질 수 있었던 것은 하나님의 말씀 앞에 순종했기 때문이다. 부를 포기하는 것은 부를 잃어버리는 것이라는 부정적인 결핍 사고를 버리는 순간, 그는 완전히 다른 인생을 살 수 있었고, 하나님의 선하신 뜻을 발견하게 되었다.

록펠러는 그 후 25년 동안 결핍 사고를 무너뜨리는 사람으로 살았다. 쓰면 없어진다는 생각을 포기하고, 식물을 물에 던지라는 말씀을 실천하며 살았다. 이제 록펠러는 죽었지만 하나님의 말씀은 살아 있어서, 지금도 그가 세운 록펠러 재단의 재산은 미국 최고의 부자라는 빌 게이츠의 재산보다 세 배나 많다. 쓰면 없어진다는 세상의 원리는 결핍의 통제를 깨뜨린 사람과는 상관없는 원리라는 걸 증명한 것이다.

결핍 사고를 붙들고 있는 부자

록펠러가 결핍 사고를 깨 버린 사람이라면 그와 정반대의 삶을 살고 있는 사람이 있다. 바로 한국의 S그룹의 최고 경영자이다. 한국 최고의 기업이며, 세계 일류 기업으로 발돋움한 S그룹의 회장은 대한민국 발전에 지대한 공적을 쌓은 기업가이다. 그는 다른 기업가들은 물론 앞으로 사회를 책임지고 나갈 젊은이들에게 긍정적인 리더의 역할을 보여주었다. 그의 기업 경영 원리는 수많은 젊은이들에게 꿈과 희망을 주었고, 국가 발전에 많은 공을 세웠다.

그러나 최근 그의 행보는 사회에 부정적인 영향을 주고 있는 것이 사실이다. 그는 아들에게 그룹의 경영권을 넘겨주기 위해 지주회사를 만들었고, 헐값의 전환사채를 발행하여 편법으로 증여하는 불법을 저질렀다. S그룹 회장은 부자가 존경받지 못하는 사회를 만드는 데 일조를 한 것이다. 이미 천문학적 액수의 재산을 가졌음에도 불구하고 더 많은 재산을 더 오랫동안 소유하기 위한 그의 불법적인 행위에 사회는 분노했고, 부자를 적으로 여기는 풍조를 더욱 부추기게 되었다.

그의 행보는 자신과 자신의 가족들만을 위한 이익을 추구함으로써, 책임을 망각한 부정적인 부자 상을 남겼다. 건강한 사회를 위한 '노블리스 오블리제'를 실천해야 할 위치에 있는 그의 이러한 부정적인 모습은 이제껏 그가 한국 사회에 끼친 좋은 영향을 무색케 하는 것 같아 아쉽기

짝이 없다.

한국을 넘어 전 세계적으로도 부의 상징적 존재로 인정받는 그가 이런 부도덕한 모습을 보인 이유는 무엇일까? 그것은 한국에서 가장 큰 부를 가졌음에도 그가 결코 결핍 사고로부터 자유롭지 못했기 때문이다.

아무리 돈이 많아도 만족하지 못한다면 늘 부족한 것이다. 만족하지 못하는 이유는 결핍 사고로부터 자유하지 못했기 때문이다. 제한된 결핍 사고로부터 자유하지 못하면 늘 부족한 상태에 머물게 되고, 부족함을 채우기 위하여 윤리와 상식을 넘어서는 행동을 하게 되어 있다.

사도 베드로는 하나님이 그의 신기한 능력으로 생명과 경건에 속한 모든 것을 우리에게 주셨다고 말한다(벧후 1:3). 사람의 의지로는 불가능하다. 내 의지로 예수님을 따르는 것을 감히 흉내 낼 수 없다. 그저 잠시 따라갈 수는 있을지 몰라도 말이다. 그러나 인간적 의지의 한계에 도달하면, 내가 쥔 것을 포기할 수 없게 만드는 제한된 결핍 사고로 인해 결코 더 이상 예수의 길을 걸을 수 없게 된다. 세상을 사랑하여 사도 바울을 떠나 버린 데마 역시 이러한 결핍 사고로부터 놓여나지 못했고(딤후 4:10), 결국 하나님의 길을 포기하고 만 것이다.

하나님의 풍성한 능력을 경험하라

하나님은 우리에게 이렇게 말씀한다. "금도 내 것이요, 은도 내 것이라.” 이 땅의 모든 것이 하나님의 소유이며, 하나님에게서 나온다는 말씀이다. 우리는 이 하나님의 풍성한 능력을 우리의 모든 영역에서 사용할 수 있으며, 우리의 삶을 제약하려고 하는 통제된 결핍을 깨뜨리는 데 이용할 수 있다.

에베소서 3장 20절에서 바울은, 이 하나님을 ‘우리 가운데 역사하시는 능력대로 우리의 온갖 구하는 것이나 생각하는 것에 넘치도록 능히 하실 분’ 이라고 표현한다. 하나님은 우리에게 풍성한 능력을 나타내기를 원하신다. 그것이 하나님이 우리를 향해 품고 있는 아버지의 마음이기 때문이다. 그분은 자녀들이 충분히 누리기를 원하신다. 따라서 우리는 경제적 풍요를 위하여 무엇을 구해야 하며, 어떻게 행동해야 하는지를 알아야 한다.

세상에서 행하는 통제는 우리의 제한된 결핍 사고에서 나오는 것이지 하나님에게서 오는 것이 절대 아니다. 우리가 결핍 가운데 있는 것도 하나님에게서 나오는 것이 아니라 우리가 그렇게 생각하고, 그렇게 행동하기 때문에 얻어진 결과이다.

어떤 사람은 복음을 위하여 맘에 드는 형제나 자매를 포기하면 더 이상 그 형제, 자매와 만날 수 없게 될 것이기 때문에 두려워한다. 부모나 자식을 포기하면 그들과 결별하여 다시는 못 볼 것이라고 생각한다. 복음을 위하여 재물을 포기하면 더 이상 풍요한 삶을 살 수 없고, 구차한 삶으로 전락하게 될 것이라는 근심에 빠진다. 그래서 영생을 찾다가 근심하며 돌아간 부자청년처럼 근심 가운데서 이러지도 저러지도 못하고 있는 것이다.

그러나 과감하게 통제된 결핍 사고를 깨뜨려 버리는 사람에게는 백배의 복이 기다리고 있다는 것을 기억하라. 형제나 자매를 포기한 사람은 백배나 더 괜찮은 형제와 자매를, 부모나 자식을 포기한 사람은 백배나 더 아름답게 변화된 부모와 자식을 얻게 된다. 재물을 포기한 사람은 백배나 더한 재물을 얻을 것이다.

결핍 사고를 깨뜨린 사람

문평일 장로는 참 순수한 사람이다. 그리고 열심히 돈을 버는 사람이다. 대단한 부자는 아니지만, 열심히 일한 만큼의 결과를 얻은 사람이다. 그는 장사꾼이지만 하나님과 거래를 하지 않는 사람이다. 많은 돈을 벌어 보기도 했고, 손해를 본 적도 있지만 언제나 하나님께 두 마음을 품어 본 적이 없는 사람이다. 그는 장사를 하여 수익이 날 때 반드시 십일조를 드린다.

그런데 그에게는 한 가지 원칙이 있다. 그것은 십일조의 하한선이 있다는 것이다. 이유를 물어보니 장사가 잘 되지 않거나 손해를 보게 되면 십일조를 잘 드릴 수 없게 된다는 것이다. 그래서 그가 생각해 낸 것은 매주 번 것의 십분의 일을 하나님께 드리되 만약에 번 것이 없다면 미리 정한 하한선의 금액을 하나님께 드리는 것이었다.

번 것이 없거나 손해를 보면 누구나 결핍 사고의 위협을 느끼게 된다. 그래서 움켜쥐게 된다. 심지어는 하나님께 드려야 할 것까지도 이러저러한 명분을 대며 거부하게 된다. 이것이 결핍 사고를 뛰어넘지 못한 사람의 마음이다. 그러나 그러한 생각은 우리의 궁핍함을 더욱 재촉할 뿐이다. 결핍 사고를 가지고는 하나님의 방법을 만날 수 없기 때문이다.

우리가 하나님의 말씀을 그대로 믿는다면 하나님의 법에서 벗어나지 않게 된다. 믿음으로 우리의 전토를 하나님께 드린 후에는 백배의 복을 기대해도 좋다. 드리기는 드리는데 통제된 결핍 사고로부터 자유하지 못하고 드리는 것은 백배의 복을 거부하는 것과 마찬가지이다. 하나님께 드린 후 마땅히 받아야 할 것을 받지 않는 것은 미련한 행동이다. 우리가 포기함으로 하나님께 우리의 것을 드렸다면 그 후에는 하나님이 주시는 것을 받아야 한다. 제한된 결핍 사고로부터 자유로워진 사람에게는 하나님의 경제법칙이 살아있기 때문이다. 이 글을 읽는 당신은 반드시 결핍 사고를 뛰어넘어 하나님의 놀라운 경제법칙을 만나기를 바란다.

헌금에 대한 혼란

헌금에 대한 태도

한 교인이 예배 시간에 설교를 듣고 있었다. 목사가 성도들을 향해 "여러분, 재물의 복을 받으십시오." 라고 외치자 사람들이 아멘으로 화답했다. 이 교인도 "음, 오늘 목사님의 설교가 은혜가 되는구면." 하고 열심히 귀를 기울이며 들었다. 성도들의 높은 호응에 목사도 기분이 좋아져서 이번에는 사람들을 향하여 "건강의 복도 받으십시오." 라고 외쳤다. 그러자 성도들은 더욱 큰 소리로 "아멘." 하고 외쳤다. 그때 목사님이 "여러분! 하나님께 헌금도 많이 하십시오." 라고 외치자 아멘 소리가 확 작아져 버렸다. 그리고 설교를 듣던 이 교인은 이렇게 말했다고 한다.

"아이고, 좋은 설교 다 버렸다."

웃자고 하는 소리가 아니라 이것이 우리의 현실이다. 구하는 것에 빠르고 받는 것도 능숙하지만 주는 것, 드리는 일에는 익숙하지 못한 것이 우리의 모습이다.

한국 교회에는 헌금의 종류가 꽤 다양하다. 십일조, 주일 헌금, 감사 헌금, 선교 헌금, 건축 헌금 등 언뜻 떠오르는 것만 해도 다섯 손가락이 다 찰 만하다. 그 가운데 대표적인 것은 역시 십일조이다. 우리가 내는 헌금 가운데 십일조가 차지하는 비중은 약 58.8퍼센트 정도이다.

그런데 정기적인 교회 출석 인원 가운데 온전한 십일조를 드리는 비율은 약 20퍼센트로 조사되었다. 만약에 모든 한국 교회 성도들이 온전한 십일조를 한다면, 다른 헌금을 굳이 강조하지 않아도 교회가 해야 할 모든 사역을 감당할 수 있다는 계산이 나온다. 하지만 현실은 그렇지 못하다.

설교자들이 강단에서 참 하기 어려운 설교가 헌금에 관한 설교이다. 신앙인답게 알아서 잘 내면 좋을 텐데 그게 안 되는 현실에서, 헌금에 관한 설교를 하자니 교회가 돈을 밝힌다는 소리를 듣게 될 것이 염려된다. 그렇다고 안 하자니 헌금에 관해 가르쳐야 할 사명을 외면하고 세상의 요구에 타협하는 인본주의가 되는 것은 아닌가 하는 위기감을 갖게 된다. 어쨌거나 헌금은 목회자나 교인 모두에게 조금은 껄끄러운 화제가 되어 버린 듯하다.

그래서 어떤 교회는 '우리 교회는 헌금에 대해 절대 강조하지 않는 교회'라는 카피를 넣은 전단지를 만들어 돌리기도 한다는 웃지 못 할 이야기도 있다. 또 헌금이라는 것이 교인들이 감동하기만 하면 자연스럽게 내는 것이라고 말하는 이도 있다.

그런데 우리가 간과하는 것이 한 가지 있다. 헌금은 필요한 것이지만 그것 자체가 목적은 아니라는 것이다. 헌금은 하나님의 재물을 위탁받아 이 땅에서 하나님이 뜻하신 대로 사용하는 사람이라는 증거로 드리는 것이다. 내가 소유한 모든 재물이 내 것이 아니라 하나님 것이라는 믿음을 보이는 구체적인 행위가 바로 헌금이며, 가장 대표적인 헌금이 바로 십일조이다.

어떤 이는 십일조를 문자적으로 지키는 것은 율법적인 일이라고 말한다. 어떤 이는 상당한 금액의 헌금을 교회가 적재적소에 사용하지 못할 수 있기 때문에 헌금을 내지 말아야 한다는 과격한 주장을 하기도 한다. 일리 있는 말처럼 들릴지도 모른다.

그러나 본질을 이야기해 보자. 내가 낸 헌금이 어떻게 사용되는지의 문제는 다른 쪽에서 접근해야 한다. 하나님의 거룩한 물질을 부정하게 사용하거나 낭비한다면 그것은 옳지 못한 것이다. 반드시 고쳐야 한다. 그러나 그것 때문에 헌금을 낼 수 없다고 한다면 그 역시 옳지 못한 것이다. 헌금은 나와 하나님 사이의 문제이다. 내게 맡겨 주신 모든 것의 주인이 하나님이라는 고백이 담긴 헌금을 하나님은 원하신다. 국가가 세금을 온당하게 사용하지 못한다고 납세를 거부한다면 그것은 국민의 의무를 지키지 않겠다는 것과도 같다.

만약에 지금까지 그런 이유로 헌금을 거부했다면 그 돈을 어디에, 어떻게 사용했는가? 마땅히 하나님께 드려야 할 것을 거부했다면 그것은 착복이며, 자신의 소유가 하나님의 것이 아니라는 선언이다. 헌금은 하나님의 주인 되심을 인정하는 성도의 거룩한 행위이다.

그런데 재미있는 것은 헌금에 대한 거부는 최근에 새롭게 나타난 경향이 아니라는 것이다. 이러한 도전은 시대를 초월하여 있어 왔다. 어느 시대나 하나님의 것을 하나님의 것으로 인정하는 사람이 있었는가 하면, 무슨 핑계를 대서든 하나님의 것을 하나님께 드리지 않는 사람이 있었다.

하나님께 마땅히 드려야 할 것을 드리지 못하게 하는 모든 유혹을 넘어서라. 헌금 기피를 정당화시키려는 모든 그럴듯한 이유를 뛰어넘어 믿음의 산에 올라 의무를 이행하길 바란다.

교회 역시 헌금에 대하여 더 당당해져야 한다. 자본주의적인 발상으로 '고객을 감동시키면 주머니를 열 수 있다.' 는 식의 접근을 포기해야 한다. 과거처럼 '누가 헌금을 했더니 이 만큼 받더라, 누가 십일조를 충실히 했더니 더 부자가 됐더라.' 라는 식의 보상주의적인 접근도 경계

해야 한다. 누가 헌금을 아끼고 아끼더니 흉한 일이 생겨서 더 손해를 봤다는 유치하고 수준 낮은 위협조의 설교를 하려는 시도 역시 멈추어야 한다. 과거 한국 교회의 기복주의적인 설교가 가져 온 폐해를 되풀이 해서는 안 되기 때문이다. 설교는 성도들이 하나님을 하나님으로 인정하여 복된 인생이 되게 하려고 있는 것이지, 성도들을 위협하여 마음에도 없는 행동을 하게 하는 것이 목적이 아니기 때문이다.

세상을 따라가지 말라

과거 한국 교회가 헌금에 대하여 외칠 때 이런 내용의 설교를 해 온 것이 사실이다. 그리고 그것이 무조건 틀린 이야기도 아니다. 우리가 헌금 내는 것을 아까워하면 하나님도 주시는 걸 아까워하시는 것은 당연한 것이다. 하나님께 아낌없이 드리면 더 많은 것을 받게 되는 것이 성경의 원리이다. 하나님께 드리기를 아까워하는 사람은 하나님도 그에게 주는 것을 아까워하시며, 하나님께 드리기를 즐겨하는 자에게는 하나님도 주기를 즐겨하신다.

아니라고, 그것은 옛날 사고방식이라고 말하고 싶겠지만 그것이 사실이다. 현대의 가치관이 아무리 멋지고 그럴 듯해 보여도, 그것이 이미 오래 전에 주어진 하나님의 말씀을 뒤집어엎을 수는 없다. 성경은 이렇게 말한다.

이것이 곧 적게 심는 자는 적게 거두고

많이 심는 자는 많이 거둔다 하는 말이로다

각각 그 마음에 정한 대로 할 것이요

인색함으로나 억지로 하지 말지니

하나님은 즐겨 내는 자를 사랑하시느니라

-고린도후서 9:6~7

하나님은 헌금에 대한 분명한 기준을 가지고 계신다. 그 기준은 단순하다. '내는 자가 복을 얻게 된다.'는 것이다. 우리가 내면 복을 받는 것은 하나님의 경제 법칙 가운데 하나이다. 말씀 그대로 '하나님은 만홀히 여김을 받지 아니하시니 누구든지 심는 대로 거두게' 되는데 많이 심으면 많이 거두고 적게 심으면 적게 거두는 것이다.

그러나 주의할 것이 있다. 우리가 드리는 헌금의 목적을 바르게 알아야 한다. 우리는 재물을 드림으로써 복을 받는다. 그러나 복은 헌금의 결과이지 결코 목적이 아니다.

헌금의 목적은 감사의 표현이지 복의 추구가 아니다. 이미 받은 것에 대한 감사이든 앞으로 받을 것에 대한 감사이든 목적은 오직 감사이다. 만약에 이 목적이 무시되고 뒤집어진다면 무당에게 바치는 재물과 다를 것이 없을 것이다. 하나님께서 싫어하시는 바알 제사와 다를 것이

없는 것이다. 하나님께 드리는 헌금은 우상 제물이 아니며, 무당에게 주
는 복채가 아니라는 걸 잊어서는 안 된다.

십일조는 여전히 필수적인 의무인가

십일조에 대한 마귀의 공격

모세에게 주신 하나님의 명령인 십일조가 지금 이 시대에도 필수적인 것일까? 3,500여 년 전에 저 변방의 이스라엘 백성에게 주신 명령이 지금까지도 과연 유효할까? 시대가 변하고 율법주의를 던져 버려야 한다고 외치는 현대에도 십일조를 내야 할까?

오늘날 다른 어떤 헌금보다도 십일조에 대한 혼란이 많이 일어난다. 왜일까? 중요한 이유 가운데 하나는 너무 수입이 많아졌다는 것이다. 내야 하는 십일조의 액수가 너무 커졌기 때문에 고민하게 되는 것이다. 특히 사업을 하는 사람은 더 많은 고민을 하게 된다. 월급을 받는 사람들은 매달 받는 월급에서 꼬박 꼬박 구별하여 드리면 되지만 사업을 하는 사람들은 많은 수입이 한꺼번에 들어오는 경우가 많다. 그러다 보니 십일조를 몰아서 내어야 하고, 액수가 상당해지니까 고민하는 일이 생기는 것이다. 아이러니하게도 많이 벌면 더 감사해야 하는데 오히려 더 고민되는 것이 십일조이다.

그러나 기억하기 바란다. 십일조에 대한 혼란은 결코 하나님께로부터 온 것이 아니다. 하나님께로부터 오지 않았다는 것은 누구에게서 왔다는 것을 의미하는가? 마귀는 우리를 하나님과 멀어지게 하려고 여러 가지 술책을 쓴다. 십일조에 대한 혼란은 그 중 대표적인 공격이다. 십일조는 축복의 산물이다. 그런데 그것 때문에 고민하고 갈등한다면 우리는 마귀의 속삭임에 마음을 빼앗긴 것이다.

하나님의 말씀은 단호하다. 하나님께 돌릴 것을 주저함 없이 드리라는 것이다. 하나님은 우리에게 더 큰 축복을 주시기 위해 십일조를 원하신다. 그러나 마귀는 그것을 저주의 수단으로 바꾸어 버리기를 원한다는 사실을 기억하라. 마귀의 유혹에 귀를 닫아 버리는 것만이 승리하는 길이다.

도적질

말라기서는 십일조에 대해 혼란을 일으키는 사람을 향해 '도적'이라는 거친 표현을 쓴다. 십일조를 하지 않는 것은 단지 자기 수익 중 하나님께 드려야 할 십분의 일을 훔친 것이 아니라 하나님의 것 전부를 가로챈 것과 같다.

하나님께서는 우리가 십일조에 대하여 혼란스러워하는 것을 '정직하지 못한 것'이라고 말씀한다. 하나님은 이스라엘 백성들이 십일조에 대해 부정직하게 행동하자 그것을 '도적질'이라고 표현하며, 하나님의 것을 도적질한 결과는 '저주'라고 말씀하신다. 천 년이 두 번 지나도 변하지 않는 하나님의 말씀은, 십일조를 가지고 고민하지 말라는 것이다. 축복을 저주로 바꾸어서는 안 된다는 것이 하나님의 뜻이다.

세계적인 기업 암웨이의 창업자인 리치 디보스는 십일조를 '소중한 일에 대한 투자'라고 부른다. 리치 디보스와 그의 아내 헬렌은 철저한 십일조를 재정의 중요한 원칙으로 세웠다. 리치는 십일조에 대하여 이렇게 말한다.

"아내 헬렌은 신혼 초부터 우리가 버는 돈에서 십 분의 일을 떼겠다고 했습니다. 그래서 우리는 언제나 모든 수입 가운데 십 분의 일을 주님께 드렸습니다.

십일조의 원칙을 지켜 가노라면 물질적 축복이 주님에게서 비롯된다는 사실을 발견하게 됩니다. 다른 건 몰라도 결코 십일조 때문에 고민하지는 마시길 바랍니다."

리치 디보스는 수입이 생겨도, 십일조를 떼어내기 전까지는 그것을 자신의 돈으로 인정하지 않는다고 한다. 만약에 수익이 내 주머니에 들어오면 마음 한 구석에서 "이건 사실 내 돈이야."라는 외침을 듣게 될 것이기 때문에 그런 갈등에 빠지기 싫었다는 것이다. 리치 디보스는 지금도 사람들에게 이렇게 말한다.

"돈을 벌고 싶다면 버는 것보다 적게 쓰세요. 하지만 그것만으로는 부족합니다.

당신이 버는 수익의 정한 부분을 하나님께, 가난한 이들에게, 사회의 필요한 곳에 드리세요. 당신도 기분 좋은 부자가 될 수 있습니다."

우리의 십일조 액수가 늘어나면 그것은 너무나 감사한 일이다. 이전보다 더 많은 액수의 십일조를 하나님께 드릴 수 있다는 것은 이전보다 더 많은 수익을 거두었다는 뜻이다. 얼마나 감사한 일인가?

큰 액수가 된 십일조를 줄여 보기 위하여 자신을 속이는 거짓말을 만들지 마라. 예전에는 적은 금액을 냈기 때문에 계산하기가 쉬웠는데 이제 너무 많이 벌어서 정확한 십일조를 떼어 내기가 어렵다고 말하는 것은 자신과 하나님을 속이는 것이다. 모를 리가 있을까? 그럴 수는 없다. 당신은 분명히 하나님께 드려야 할 정확한 액수의 십일조를 알고 있다.

미국의 유명한 자산 운용가이자, 저술가인 수즈 오먼은 그의 책 『돈의 법칙, 삶의 교훈 The Lows of Money, The Lessons of Life』에서 다음과 같이 말한다.

"어떤 사람은 어려운 시절에도 번영하고 어떤 사람은 좋은 시절에도 그렇지 못합니다. 그 이유는 진실이 돈을 만든다는 간단한 법칙을 모르기 때문입니다. 거짓말은 결국 파산을 부를 뿐입니다."

거짓말로는 돈을 벌 수 없다는 말이다. 누군가를 속여 돈을 버는 것은 불가능하다는 뜻이다. 세상 사람도 아는 이 진리를 그리스도인들이 몰라서야 되겠는가? 우리가 하나님을 속이고 부를 얻을 수 있을까? 그것은 불가능한 일이다.

여러분 자신에게, 이웃에게, 무엇보다 하나님께 정직하라. 우리가 정직하면 하나님은 저주 대신 복으로 갚아 주실 것이다.

다시 한 번 말하지만 십일조는 선택의 문제가 아니다. 십일조는 필

수적인 것이다. 어떤 사람은 자발적으로 드려야 헌금이지 의무감으로
하는 헌금이 헌금이냐고 반문할지도 모른다. 하지만 정직한 십일조는
하나님의 명령이다.

'정직'을 사훈으로 삼고 직원들에게 '정직 교육'을 하는 박상호 사
장은 가정에서도 정직을 가훈으로 삼고 살아간다. 정직을 이처럼 중요
하게 생각한 이유가 무엇인지 묻는 질문에 그는 어릴 적에 겪었던 일을
들려주었다.

"나는 어린 시절에 몹시 가난했습니다. 그래서 또래 아이들이 가진
것들을 가져 본 적이 없습니다. 먹고 살기도 빠듯했죠. 나는 다른 아이
들이 갖고 있는 물건을 갖고 싶었습니다. 야구 배트며, 오락기계 같은
것이었죠. 그러나 그런 것들은 엄두도 내지 못할 형편이었습니다.

그러던 어느 날, 같이 세 들어 살던 옆집의 방문이 열려 있는 것을
보게 되었어요. 나는 그 방에 들어가 동전을 모아 둔 돼지 저금통을 들
고 나왔습니다. 그런데 돼지 저금통을 들고 나온 바로 그때, 어머니와
마주치게 된 것입니다. 지금 생각하면 정말 하나님의 은혜죠. 그날 거기
서 어머니께 발각된 것은 정말 하나님의 은혜였어요. 어머니는 잠시 매
서운 눈으로 노려보더니 나를 방으로 데리고 들어갔습니다. 그리고 몽
둥이로 인정사정 볼 것 없이 나를 내려치기 시작했습니다. 나도 잘못을
알고 있는 터라 어머니의 매에 저항 할 수 없었습니다. 그냥 내리치는

대로 다 맞았죠. 참 많이 맞았어요. 그리고 배운 것이 있었습니다. 도적질에 합당한 벌은 매질이라는 것을.

그 후 언제나 부정직한 행동을 하게 될 상황에서 저는 그날의 '어머니의 매'를 기억했습니다. 그리고 정직한 사람이 되고자 노력했어요. 요즘 같이 어려울 때, 하나님의 방법이 아닌 세상의 방법대로 살고 싶은 생각이 들 때마다 '도적질에는 단지 매질만이 기다릴 뿐이다.'라는 어릴 적 교훈을 떠올립니다."

하나님은 우리가 정직한 십일조를 잃어버릴 때 그저 바라만 보고 계시는 분이 아니다. 지켜보시다가 도를 넘으면 매질을 하신다. 그 매질은 우리를 위한 눈물과 사랑의 손길이라는 걸 잊어서는 안 된다.

십일조는 우리의 재정 지출 순위에서 늘 일 순위가 되어야 한다. "아니지. 신용사회인데 카드 값을 먼저 해결하고 십일조를 내야지."라고 속삭이는 마귀의 말에 속지 말길 바란다. 그 소리는 곧 "이번 달은 너무 빠듯하니 다음 달부터 정직하게 살자."로 바뀌게 될 것이고, 결국 우리는 하나님의 것을 도적질하는 일을 멈출 수 없게 될 것이기 때문이다.

십일조 페널티

레위기 27장 30절과 31절을 보라.

십일조의 법칙을 지키지 않으면 거기에는 벌칙이 있다. 먼저 하나님의 옐로카드가 주어지는데 그것은 20퍼센트의 벌금을 무는 것이다. 이해하기 쉽게 설명해 보겠다. 만약에 하나님께 100만 원의 십일조를 지키지 않았다면, 그래서 하나님께서 거기에 페널티를 부과하셔서 그것을 속하려고 한다면 120만 원을 내야 한다. 하나님이 그렇게 할 일이 없겠냐고 생각하는가? 하나님이 원하시는 것은 우리의 돈이 아니라 하나님의 백성을 하나님의 백성답게 만드는 것이다. 하나님의 백성이 아니라면 그런 벌칙을 줄 필요조차 없다. 하나님의 백성으로 살지 않는 이들을 위해서는 따로 준비된 최종 벌칙이 있기 때문이다. 하지만 하나님의 백성들은 이 땅을 살면서 하나님의 백성답게 살 의무가 있고, 그것을 증명하는 삶을 살아야 하는데 그 판단 기준 가운데 하나가 바로 '정직한 십일조' 라는 것이다.

만약에 하나님의 첫 번째 경고에 반응하지 않으면 두 번째 경고인 레드카드가 주어지는데 성경은 그것을 '저주' 라고 표현한다. 축복의 산물로 주신 십일조가 저주의 원인이 된다면 그것은 대단히 불행한 일이다.

축구는 전 세계인의 스포츠이다. 월드컵 시청 인구가 연 인원 40억 명 이상이라고 하니 그 위상이 얼마나 되는지 짐작하고도 남는다. 그렇다 보니 월드컵에서 골을 넣는 것은 선수 개인에게 대단한 영광이다. 축구 선수가 골을 넣고 기뻐서 유니폼의 상의를 벗고 이리 저리 뛰어 다니기도 하고, 자기만의 특별한 행동을 하는 것을 골 세레모니(goal ceremony)라고 한다. 골 세레모니를 하는 동안 선수는 축구장을 찾은 팬들에게 찬사를 받는다. 전문가들은 이런 골 세레모니가 팀 전체에 커다란 상승효과를 주어 팀의 경기력을 높이는 데 일조한다고 말한다. 그래서 더욱 좋은 경기 결과를 이끌어 내는 역할까지 한다는 것이다.

우리는 올바른 십일조 생활을 통해 마치 골 세레모니를 하는 축구 선수처럼, 우리의 삶에서 영광의 세레모니를 만들어 내도록 해야 한다. 한다고 했는데 부정하게 해서 열심히 뛰고도 옐로카드를 받는 그런 인생이 아니라 모두의 부러움을 사는, 너무 기뻐 뛰어다니며 자신이 만들어 낸 결과를 자랑할 수 있는 축복의 세레모니가 되어야 한다. 그래서 더 뛰어난 결과를 만들어 내는 원동력이 되어야 한다.

십일조는 어디에 써야 하는가

십일조, 이렇게 사용하라

왜 성도가 십일조를 내어야 하고, 교회는 십일조를 거두어야 하는가?

성경은 십일조의 사용처를 분명하게 제시하고 있다. 우리가 성경이 제시하는 대로 거룩한 성물을 사용하면 하나님은 그 십일조로 인하여 놀라운 시너지 효과를 만들어 가실 것이다. 제대로 알고 내고, 바르게 사용한다면 십일조는 단지 거기서 멈추지 않고, 또 다른 상승효과를 만들어 내어 하나님 나라의 지경을 넓힐 것이다.

그럼 십일조를 어떻게 써야 하는지 알아보자.

제 삼년 곧 십일조를 드리는 해에

네 모든 소산의 십일조 다 내기를 마친 후에

그것을 레위인과 객과 고아와 과부에게 주어서

네 성문 안에서 먹어 배부르게 하라

(……)

여호와께서

너의 칭찬과 명예와 영광으로

그 지으신 모든 민족 위에 뛰어나게 하시고

그 말씀하신 대로

너로 네 하나님 여호와의 성민이 되게 하시리라

-신명기 26:12, 19

1. 레위 인을 위하여 사용하라

첫 번째로 십일조는 교회를 섬기는 분들의 사례비로 사용된다. 교회를 섬기는 목회자들이나 직원들을 위하여 십일조를 사용해야 하는 이유는 말라기 3장 10절에서 찾을 수 있다.

만군의 여호와가 이르노라

너희의 온전한 십일조를 창고에 들여

나의 집에 양식이 있게 하고

하나님은 온전한 십일조, 다른 말로 바꾸면 정직한 십일조를 원하시는데, 그것을 창고에 들이라고 말씀한다. 성경 기록 당시의 화폐 수단은 돈이 아니었다. 그러므로 성물이 십일조를 대신했다. 소를 잡으면 고기를, 곡식을 수확하면 열매를 하나님께 드렸고, 그것은 제사를 위하여 제물을 두는 창고에 보관되었다. 하나님은 이곳에 양식이 있게 하라고 말씀하신다.

그런데 이 양식은 우리가 사는 이 시대에 무엇을 의미할까? 그것은 바로 하나님의 말씀이다. 하나님의 말씀을 누구로부터 공급받는가? 바로 목회자들이다. 그러므로 하나님의 말씀을 연구하고, 성도를 양육하며, 예배로 하나님을 섬기는 일을 맡은 목회자를 위해 십일조를 쓰는 것은 지극히 성경적인 것이다.

목회자는 교회에서 주는 사례를 자기 노동의 대가로 여겨서는 안 된다. 목회자는 노동자가 아니며, 고용된 사람도 아니다. 그들은 연봉에 따라 임지를 바꾸어 다니는 회사원도 아니다. 목회자는 하나님의 제사

(예배)를 섬기는 사람들이다. 그러므로 교회에서 나오는 사례에 대하여 당당하게 그리고 감사하게 받아야 한다.

왕이 없어 각기 자기 소견에 옳은 데로 행하던 사사시대에 미가의 개인 제사장이 되었던 레위 소년 사건은 불행한 이야기이다. 사사기에 나오는 이 불행한 이야기에서 우리는 불의한 무리에게 붙어 거기서 떨어지는 떡고물을 주워 먹는 한 목회자를 만난다. 미가라는 한 개인의 신당에서 빌어먹는 레위 소년의 이야기를 잊지 말길 바란다.

이 레위 소년이 원래 있어야 할 곳은 미가의 집이 아니었다. 그가 원래 있어야 할 곳은 유다 땅 베들레헴이었다. 그곳이 하나님께 분깃으로 받은 땅이었다. 다른 지파들이 각각 자신의 땅을 받았던 것처럼 그 레위 인은 유다 땅 안에서 유다 지파 사람들과 함께 하나님의 제사를 섬기며 살아가도록 분깃을 받은 사람이었다.

그런데 그가 자기의 분깃, 즉 베들레헴을 지키지 아니하고 나온 이유는 무엇일까? 이유는 간단하다. 레위 인이 얻어야 할 분깃을 얻지 못했기 때문이다. 유다 지파가 레위 인에게 정당한 대우를 하지 않았기 때문이다. 그래서 그는 자신의 분깃을 포기하고 떠난 것이다.

하나님은 레위 인이 굶어 죽을 때까지 자원 봉사자로 살라고 말씀하지 않으신다. 레위 인도 그 분깃을 누릴지니 그것은 '하나님 자신'이라고 말씀하신다. 사람들이 하나님께 드리는 성물이 바로 레위 인의 분

것이다. 창고에 들이는 백성들의 십일조 중 얼마만큼은 하나님의 제사를 섬기는 레위 인의 몫이라는 말이다.

결국 눈에 보이는 분깃을 받지 못한 레위 인은 다른 형제들이 하나님의 기업, 즉 하나님의 거룩한 것을 레위 인에게 주지 않으면 살 수 없는 것이다. 이 레위 소년은 유다 지파와 함께 살도록 땅을 배정받았다. 그러나 그와 함께 그 땅을 기업으로 받은 사람들이 레위 인의 분깃을 인정하지 않았기 때문에 거할 곳을 찾아야 했던 것이다. 그러나 그것이 레위 인의 타락을 정당화시켜 줄 수는 없다. 살 곳을 찾아 헤매지 않으면 안 되는 상황에 놓였다 할지라도, 레위 인은 타락해서는 안 된다. 왜냐하면 그는 하나님의 제사를 섬기는 거룩한 사람이기 때문이다. 레위 인은 끝까지 레위 인이어야 하는 것이다.

지금도 마찬가지이다. 목회자는 어떤 상황에서도 목회자다워야 한다. 목회자가 목회자답기를 포기하는 순간 사사시대의 불행이 시작되는 것이다. 교회는 목회자가 목회자다울 수 있도록 성경이 지시하는 대로 창고에 십일조를 들이고 그것 중 일부를 그들에게 주어야 한다.

2. 선교를 위하여 사용하라

십일조는 두 번째로 선교를 위해 사용된다. 신명기 26장 12절에는 십일조를 사용하는 법이 나온다. 첫째는 앞에서 언급한 것처럼 하나님의 제사를 섬기는 레위 인, 즉 교회의 목회자와 직원들을 위하여 사용한다. 또한 객을 위해서도 십일조를 쓴다. 이스라엘 백성이 아닌 이방인을 위해 사용한다는 것이다. 객을 돕는 일에, 즉 지금 우리 시대에는 수많은 불신자들을 위한 선교 사역에 사용해야 한다는 것이다.

옛 속담에 '팔은 안으로 굽는다.' 는 말이 있지만 '너무 내 교회, 내 교회' 하면 교회가 선교에 대한 사명을 잃고, 양적 성장주의에 빠져들게 된다. 성장과 부흥은 외관상으로는 별 차이가 없는 것처럼 보인다. 교인이 늘어나고 재정이 튼튼해지며, 뭔가 되는 듯이 보이지만 그걸 진정한 부흥이라고 할 수는 없다. 하지만 겉에서 보이는 현상이 같을지라도, 선교에 대한 사명이 있으면 부흥이지만 그것이 빠지면 단지 성장만 하는 것이다. 부흥이 아닌 성장은 교회를 병들게 할 뿐이다.

삼일교회를 담임하는 전병욱 목사는 이 시대의 뛰어난 설교자이다. 전병욱 목사가 삼일교회에 부임해서 어느 정도의 부흥을 이뤄 내자 한 교인이 비좁은 교회를 건축하는 데 사용하라고 5,000만원을 내 놓았다. 교인은 늘고 교회는 비좁아져서 어떻게든 교회를 새롭게 건축해야 할 상황에서 그 5,000만원은 건축의 중요한 디딤돌이 될 수 있었다. 그런데 전병욱 목사는 '내 교회를 세우기 전에 먼저, 복음이 더 필요한 곳에 교회를 세워야 한다.'고 말하며 5,000만 원을 선교지의 교회 건축 자금으로 보냈다.

선교하는 교회는 말로만 하지 않는다. 선교 헌금으로만 선교하는 교회는 십일조의 목적을 모르고 있는 것이다. 십일조는 이방인들을 위한 복음의 도구라는 걸 잊어서는 안 된다.

3. 구제를 위하여 사용하라

십일조는 또한 고아와 과부를 위해 쓴다. 고아와 과부란 이스라엘에서 스스로 벌어 생활할 수 없는 사람들을 지칭할 때 쓰는 용어이다. 남성 중심 사회였던 이스라엘에서 남편의 죽음은 곧 집안의 몰락을 의미했다. 여자가 할 수 있는 일이 거의 없던 시대에 과부가 된다는 것은 모든 면에서 비참한 삶을 살게 되는 것을 의미했다. 누군가가 돕지 않으면 그들의 목숨은 바람 앞에 촛불과 같이 위태한 것이다. 그래서 성경은 과부와 고아에 대해 자주 언급하며, 그들을 도울 것을 요구한다. 십일조는 그러한 하나님의 요구에 부응하기 위해 드리는 것이다.

초대 교회 당시에도 고아와 과부를 구제하는 것은 목회 사역의 중요한 영역이었다. 교회는 이 일의 중요도를 감안하여 일곱 집사를 안수하여 세웠다. 그만큼 비중이 높은 사역이었다. 이 사역은 지금 우리에게도 마찬가지로 중요하다. 지금 우리 주변에 스스로 벌어먹을 수 없는 사람이 있다면 교회는 그들을 위한 대안을 마련하고, 그 일에 십일조를 사용해야 한다. 십일조는 모아서 교회를 건축하는 데 쓰고, 구제를 위해서는 구제 헌금을 받겠다고 생각한다면 십일조를 올바로 이해하지 못한 것이다.

하나님보다 더 위대한 기업은 없다

성경에는 십일조의 놀라운 축복의 원리가 담겨 있다. 십일조로 교역자들이 마음껏 사역할 수 있는 환경을 조성하면 예배에 놀라운 은혜가 임한다. 다른 걱정하지 않고 말씀과 기도에 전념하며 성도들을 섬길 수 있기 때문이다. 결국 교회의 부흥과 성도의 영적 건강함을 가져오는 중요한 요소가 십일조인 것이다.

십일조를 가지고 객을 돕되 그 십일조가 그들에게 하나님의 은혜의 수단이 되고 은혜의 통로가 될 때 놀라운 하나님의 나라가 만들어진다. 십일조가 복음의 전파를 돕고, 잃어버린 영혼을 구원하는 일을 만들어 낼 때 온전한 십일조가 되는 것이다.

십일조를 가지고 고아와 과부, 누군가가 돕지 않으면 살 수 없는 사람들을 돕고 보살필 때 하나님은 십일조를 드린 이들을 모든 민족 위에 뛰어나게 하시고, 하나님의 거룩한 백성으로 인정하시며 많은 복을 주신다.

십일조가 필수적인 의무인지를 아직도 묻는 사람이 있다면 리치 디보스가 암웨이 비즈니스 투자 자문단의 이사회 의장인 밥 시어비크에게 한 다음의 말을 귀담아 들어 보길 바란다.

"밥! 투자나 사업을 할 때는 아주 신중해야 하네. 돈이 많을수록 그 돈은 자네 손아귀를 빠져 나가기도 쉽거든. 늘 신중하게 투자를 결정하게. 그런데 밥! 하나님께 투자할 때는 절대 머뭇거리지 말게나. 내 평생에 하나님께 투자한 것보다 더 많은 수익을 얻은 적은 없었네."

십일조가 논란이 되고 있는 이 시대에 하나님의 경제법으로 성공하기를 원한다면 디보스의 말을, 한 성공한 기업가의 지나가는 말 정도로 여기지 말길 바란다.

이 세상에 하나님보다 더 훌륭한 기업은 없다. 그리고 당신의 정직한 십일조는 세상에서 가장 훌륭한 기업에 투자하는 것이다.

십일조, 이런 곳에 사용하라!

1 레위 인을 위하여 사용하라

십일조는 목회자나 교회를 섬기는 직원들을 위해 사용한다.
목회자는 하나님의 예배를 섬기는 사람들이므로
사례에 대하여 당당하게 그리고 감사하게 받아야 한다.

2 선교를 위하여 사용하라

십일조는 객을 위해서도 쓴다. 오늘날의 객은 수많은 불신자들이다.
십일조는 그들의 영혼을 구하는 선교 활동에 써야 한다.

3 구제를 위하여 사용하라

십일조는 고아와 과부, 즉 오늘날에는 스스로의 힘으로
살아갈 수 없는 사람들을 위해 써야 한다.
그들을 돕는 일은 교회의 중요한 역할 가운데 하나이다.

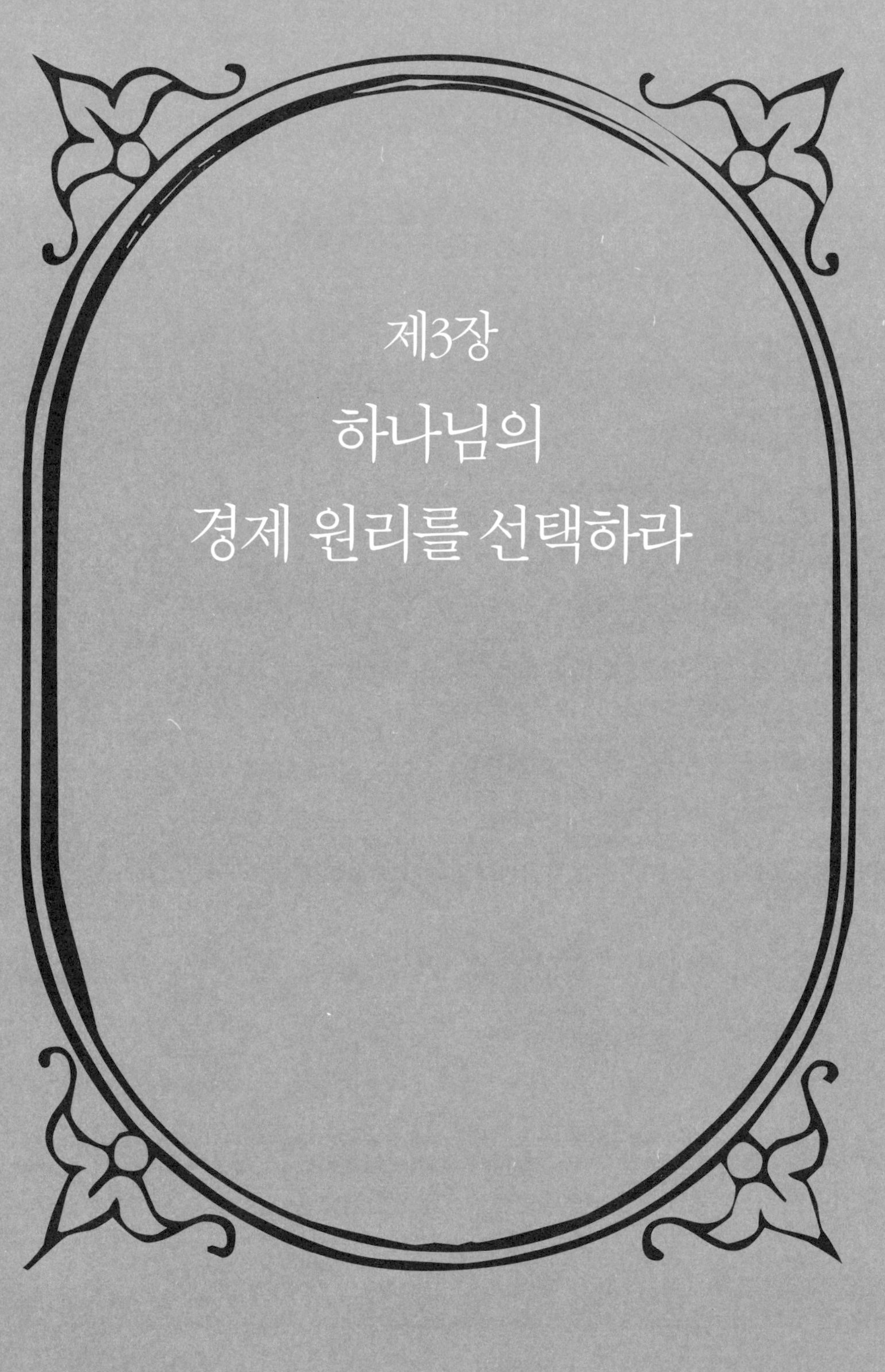

제3장

하나님의
경제 원리를 선택하라

나 만군의 여호와가 말하노니

너희는 자기의 소위를 살펴볼지니라

저희는 산에 올라가서 나무를 가져다가 전을 건축하라

그리하면 내가 그로 인하여 기뻐하고 또 영광을 얻으리라

나 여호와가 말하였느니라

-학개 1:7~8

영혼이 잘 됨같이 범사에 잘 되라

돈이 있어야 할 곳은

성 프란체스코는 우리에게 '프란체스코의 기도'로 잘 알려진 기독교가 낳은 위대한 성인 중 한 사람이다. 그는 암울했던 중세 시대에 한 줄기 빛과 같은 존재였다. 사람들은 그를 보면서 위로를 얻었고 희망을 가졌다. 그가 살았던 당시 시대 상황을 살펴보면 사람들이 살아갈 희망을 갖지 못한 시대였다고밖에 말할 수 없는 참담한 시기였다. 이런 시대에 프란체스코와 같은 성인이 있었다는 것은 하나님의 큰 선물이 아닐 수 없다. 그래서 사람들은 오랜 세월이 지난 지금도 그를 성인으로 추앙하며 존경하는 것이다.

그러나 프란체스코도 태어나면서부터 성인은 아니었다. 그는 1181

년 겨울, 중부 이탈리아의 아시시라는 곳의 부유한 포목 상인의 아들로 태어났다. 그는 아버지의 많은 재산 덕분에 젊은 시절에 부와 쾌락과 명성을 누렸으며, 동료들 사이에서 무절제한 선동자로 불리기도 했다.

18세 되던 해에 페루자와의 전쟁에 참가하여 기사의 꿈을 실현하려 했지만, 불행히도 그 전쟁은 아시시의 패배로 끝났고, 그는 페루자 감옥에서 일 년 동안 포로 생활을 하다가 중병에 걸려 1203년에 풀려났다. 이후 약 5년간 그는 깊은 영적 체험을 하게 된다. 그리고 세속의 모든 생활을 청산하고 새로운 삶을 시작하게 되었다. 그가 결정적으로 변화하게 된 동기는 다미아노 성당에서 "나의 집을 고치라."라는 음성을 듣고, 또 "아무것도 소유하지 말라."는 복음서의 말씀을 접하고부터이다. 그는 회심할 때 받은 말씀대로 아무것도 소유하지 않기 위해 평생을 노력했다.

그가 세운 수도회는 '거지 수도회'라고 불렸다. 거지처럼 남루한 옷 한 벌이 가진 것의 전부였기 때문이다. 프란체스코회에 소속된 탁발 수도승들은 아무 것도 소유할 수 없었다. 그는 돈에 대한 결벽증이 있는 사람처럼 평생 가난을 친구 삼아 지냈다. 프란체스코는 가난은 신앙과 직결된다고 믿고 가난한 자만이 진정한 구원의 감격을 얻을 수 있다고 외쳤던 사람이다. 따라서 그에게 돈이란 신앙을 성장시키는 데 있어 적극적인 방해 요소였다. 프란체스코는 경제력을 키우는 것을 부정하다고 보았던 것이다.

그가 돈에 대해 어떤 사상을 가지고 있었는지를 말해 주는 예화가 하나 있다. 하루는 그와 함께 수도원에 기거하는 한 제자가 선한 일을 하고 사례로 금화 한 닢을 받아 가지고 돌아왔다. 제자는 자랑스럽게 말했다.

"스승님! 선한 일을 하고 이 금화 한 닢을 선물로 받았습니다."

그러자 프란체스코는 이렇게 말했다고 한다.

"그 금화를 입에 물어라. 그리고 그 입을 거름 구덩이에 처박아라. 금화에게 가장 적합한 장소는 바로 그곳이다."

당신은 프란체스코의 생각에 동의하는가? 돈에게 적합한 자리는 정말 거름 구덩이 속인가? 돈은 우리의 신앙을 성장시키는 데 도움이 되지 못하는 백해무익한 존재일까? 돈이 우리를 타락시킬까? 돈이 많아지면 하나님을 잘 섬길 수 없을까? 그래서 돈을 무서워하고 돈을 피해 다녀야 신앙을 유지할 수 있을까?

프란체스코의 견해는 틀렸다. 적어도 지금 이 시대에, 그의 견해는 보편적인 설득력을 가진다고 볼 수 없다. 물론 우리는 그가 살았던 시대를 이해해야 한다. 교권이 타락하고, 물질이 하나님의 자리를 넘보며, 돈으로 구원을 얻을 수 있다는 거짓말로 무지한 백성을 농락한 것에 대한 반작용으로 나온 그의 목소리를 물론 충분히 이해할 수 있다. 그 시절에는 프란체스코와 같은 사람이 있어야 했다.

하지만 지금은 그런 시대가 아니다. 하나님의 말씀에 무지몽매했던 시대가 아니다. 우리는 하나님의 말씀을 접하고 있으며, 그 말씀이 우리에게 어떤 것을 전하고 있는지 확인할 수 있다. 돈 때문에 타락한 사람을 보면서 "돈만 아니었다면 그가 타락하지 않았을 텐데." 라고 말하는 것은 패배주의자들의 한탄이다. 돈 때문에 하나님을 섬길 수 없는 사람이라면 돈이 아닌 다른 것 때문에도 역시 하나님을 섬길 수 없다.

우리가 분명하게 돈이 하나님의 자리를 대신할 수 없다는 확신을 가지고 있다면 돈의 적합한 자리는 거름 구덩이가 아니다. 돈은 하나님의 거룩한 사역의 중심에 머물러 있어야 한다. 성경은 바로 그러한 근거를 제시해 준다.

범사가 잘 되기를 원하시는 하나님

요한 사도는 하나님이 우리에게 바라시는 아버지의 마음을 이렇게 표현한다.

"네 영혼이 잘 됨 같이 네가 범사에 잘 되고 강건하기를 간구하노라."

우리는 이 말씀 속에서 하나님은 우리가 풍요롭게 되는 것을 원하신다는 사실을 쉽게 발견할 수 있다. 하나님은 당신이 주신 선물을 거름 구덩이에 처박아 버리고 구질구질하게 사는 인생이 되는 것을 원하지 않으신다.

하나님이 바라는 것은 먼저는 우리의 영혼이 잘 되는 것이고, 그와 동시에 우리의 범사가 잘 되는 것임을 기억하라. 하나님은 우리가 건강하기를, 우리가 심리적인 안정을 얻기를, 우리가 경제적으로 풍요해지기를 원하신다. 만일 그렇지 않다면 "네 영혼이 잘 되기를 원하노라."라고 말씀하시고 입을 닫으셨을 것이다.

어떤 이들은 가난과 경건을 사촌지간쯤으로 생각한다. 검소하게 사는 것이 경건으로 이어지는 지름길이라고 여긴다. 왠지 경건한 사람은 가난하게 살아야 할 것처럼 생각한다. 그래서 풍요하게 사는 것은 마치 외줄을 타는 것인 양 위험한 것이라고 생각할 때가 많다.

특별히 목회자들이 풍요하게 사는 것을 못마땅하게 생각하는 사람이 많다. 목회자는 조금 가난하게 살아야 하고 목회자는 고생도 남다르게 해야 한다고 생각한다. 그래서 좋은 차라도 타면 타락한 목회자인 양 몰아세우는 경우가 종종 있다. 자신들은 그렇게 못하지만 적어도 목회자들만큼은 경건의 모습을 보여야 하지 않겠냐는 논리이다. 경건해야 할 그리스도인들을 대표해서 목회자들이 가난해 달라는 것이나 마찬가지의 말이다. 그래서 목회자 자녀들 중에는 절대 목회자가 되지 않겠다고 선언하는 이들이 많다. 어린 나이에 너무 많은 고생을 경험했기 때문이다. 목회자들도 자녀들이 목회의 길을 가겠다고 하면 은근히 말리고 싶어 하는 것이 현실이다.

이것은 우리의 가치관 안에서 가난과 경건이 연관하여 떠오르기 때문이다. 더 경건해야 할 목회자는 더 가난해야 한다는 논리이다. 만약에 가난이 경건과 친한 사이라면 그것은 맞는 말이다. 가난해야 경건해질 수 있다면 목회자들이 가장 가난해야 할 것이다.

분복을 누리라

그런데 정말 그럴까? 만약에 그렇다면 성경 어디에서 그렇게 말하는지 알려 주길 바란다. 아브라함은 경건한 사람이었는데 찢어지게 가난하게 살았다는 대목은 어디에도 없다. 이삭은 하나님께 순종하여 하나님을 기쁘시게 한 사람이었지만 가난하기보다는 오히려 부요한 일생을 살던 사람이다. 하나님의 사람 욥은 당대의 의인이었는데 그는 동방 제일의 부자였다.

성경은 "사랑하는 자여! 네 영혼이 잘 됨 같이 네가 범사에 잘 되고 강건하기를 간구하노라." 라고 말한다. 우리의 영혼이 구원의 감격을 누리는 것처럼 우리의 범사가 풍요해지는 것이 하나님의 뜻이다. 하나님은 우리가 풍요하기를 바라시지 가난하기를 원치 않으신다. 하나님 스스로가 모든 것에 풍성한 분이시기 때문에 그분의 자녀인 우리들 역시 그러해야 마땅하다. 풍성함은 성도가 마땅히 누려야 할 '분깃' 이다.

> 사람이 하나님의 주신 바 그 일평생에 먹고 마시며
>
> 해 아래서 수고하는 모든 수고 중에서 낙을 누리는 것이
>
> 선하고 아름다움을 내가 보았나니
>
> 이것이 그의 분복이로다
>
> -전도서 5:18

어떤 사람에게든지 재물과 부요를 주사 능히 누리게 하시며 분복을 받아 수고함으로 즐거워하게 하신 것은 하나님의 선물이다. 분복(分福)이란 하나님께서 나누어 주신 복을 의미한다. 아버지가 아들에게 주는 것, 즉 상속을 뜻한다.

얼마 전 신세계 그룹의 정재은 명예 회장이 자신이 가진 재산 7천억 원을 자녀들에게 물려주었다. 멋진 부자답게 50퍼센트를 증여세로 내고 말이다. 그런데 만일 그의 자녀가 '재산을 상속받는 것은 나를 더럽히는 것' 이라고 말한다면 상속하는 아버지의 마음이 어떨까?

하나님은 누구든지, 어떤 경우에든지 그가 하나님의 자녀라면 재물과 부요를 누리는 것이 마땅하다고 말씀하신다. 하나님은 소수의 사람들만 부유하게 하시는 분이 아니다. 하나님의 자녀라면 누구나 그분의

부요함을 함께 누리기를 원하신다. 여기까지 읽어 온 당신에게도 그 원리는 변함이 없다.

풍성한 분깃을 누리는 법

구체적인 방법

하나님이 우리에게 놀라운 풍성함을 주시기 원한다면 그것을 받는 법을 배워야 하지 않을까? 어떻게 하면 하나님이 허락하시는 풍성한 분깃을 받아 누리게 될까?

예수께서 가라사대

내가 진실로 너희에게 이르노니

나와 및 복음을 위하여

집이나 형제나 자매나 어미나 아비나 자식이나

전토를 버린 자는

금세에 있어 집과 형제와 자매와 모친과 자식과 전토를

백배나 받되 핍박을 겸하여 받고

내세에 영생을 받지 못할 자가 없느니라

-마가복음 10:29~30

이 말씀은 우리가 어떻게 하나님의 풍요 안으로 들어갈 수 있는지에 대한 답을 명쾌하게 내려 준다.

방법1 포기하라

어떻게 하나님의 풍요를 누릴 수 있는가? 하나님의 풍요 안으로 들어가는 방법은 첫째, 포기하는 것이다. 내 것을 스스로 포기하는 것이다. 하나님의 이 놀라운 법칙을 모르는 사람은 다른 사람을 포기시키기 위하여 아까운 시간을 쓴다. 그리고 더 가지기 위해 죄 가운데로 들어간다. 돈을 사랑하게 된다. 일만 악의 뿌리를 그의 중심에 박아 버린다. 그러나 다른 사람을 포기시켜 더 얻겠다는 생각은 하나님의 방법이 아닌 세상의 방법이기 때문에, 그것으로는 절대로 하나님이 허락하시는 평안한 풍요로 갈 수 없다.

더 나눌 것이 없을 때도 나눠라.

더 포기할 것이 없을 때도 포기해라.

더 이상 나눌 것이 없으면 마음이라도 나눠라.

그러면 물질적인 것은 그림자처럼 따라온다.

그러면 스스로가 더 풍요해지는 것을 경험하게 될 것이다.

세속적인 계산법은 포기할수록 잔액이 줄어들지만

출세간적(영적)인 입장에서는 포기할수록 더 풍요해진다.

누가 한 말인지 아는가? 불교계의 거두 법정이 한 말이다. 그는 하나님을 알지 못함에도 하나님의 법에 대해 잘 알고 있다. 하물며 하나님의 말씀을 배우고 지켜 나가는 우리가 이 간단한 진리를 몰라서야 되겠는가?

『베풂의 기술』의 저자 존 해기아이는 그의 책에서 절친한 친구인 폴 마이어의 삶에 대해 언급한 적이 있다. 폴 마이어는 보험 세일즈 사업을 통하여 27세에 백만장자가 된 사람이다. 그런데 그에게는 한 가지 재정 원칙이 있었다. 그것은 모든 수익의 50퍼센트는 반드시 가난한 이들과 나눈다는 원칙이다. 그의 이러한 삶의 철학은 많은 사람들에게 감동을 주어 더 많은 수익을 불러들이고 있다. 그의 철학이 담긴 저작 판매를 통해서만 전 세계적으로 무려 20억 달러의 수입을 기록하고 있기 때문이다.

아시아의 최고 갑부인 홍콩 창장그룹의 리자청회장은 '-1퍼센트 철학'으로 유명하다. 그는 10퍼센트의 이익을 갖는 것이 공정한 게임이라고 해도 9퍼센트만 갖는 것을 훈련하라고 말한다. 그는 자신의 '-1퍼센트 철학'이 내 것을 포기하게 하는 원동력이 되었다고 말한다. 그는 홍콩대학을 위하여 1,300억 원, 버클리 의대를 비롯한 다수의 의료 기관에 2,200억 원을 기증했다. 이렇게 사용하면 돈이 줄어들어야 하는데 그의 재산은 날마다 더욱 늘어만 간다. 그래서 홍콩에서는 '누군가 홍콩에서 일 달러를 쓰면 그 절반은 리자청에게로 간다.'는 말이 통용되고 있다고 한다. 그는 하나님은 모르지만 하나님의 법칙은 알고 있는 사람이다.

하나님의 법칙대로 포기한 사람에게는 하나님의 법칙대로 보상이 따라온다. 무엇보다 예수님과 복음을 위하여 포기할 때, 성경은 '백배'라는 멋진 표현을 사용하여 보상을 약속한다. 하나님은 복음을 위하여 우리의 것을 포기할 때 포기한 만큼만 우리에게 그대로 돌려주지 않는다. 백배로 더해서 돌려주신다. 복음을 위하여 10평짜리 집을 포기했다면 후에 돌려받을 때는 100평짜리로 돌려받게 되는 것이 하나님의 원리이다. 하나님의 복음을 위하여 가족을 포기한 사람은 포기한 가족의 백배를 받게 된다.

아프리카 오지에서 평생을 바쳐 선교 사역에 온 힘을 기울였던 한 선교사의 무덤에는 해마다 수많은 참배객들이 찾아온다. 참배를 마치면서 그들이 하는 말은 "Hi, Father!" 라는 말이다. 그 선교사는 평생 허락하신 땅을 섬기느라 그의 가족과 함께 할 수 없었다. 가족이 보고 싶을 때도 소명을 생각하며 눈물로 밤을 보냈다. 그는 가족을 포기했지만 그가 죽었을 때 그는 진정한 아버지이신 하나님을 뵈었을 뿐 아니라 금생에서 그를 아버지로 여기는 수천 명의 자녀들을 얻었다.

가족을 백배로 축복하신다는 진리 안에는 이런 뜻도 있다. 백배나 더 경건해진, 더 친근해진, 더 아름답게 변모된 가족을 얻게 된다는 것이다. 이 얼마나 놀라운 진리인가? 나를 핍박하는 가족이었는데 복음을 위하여 그 가족을 포기했더니 그들이 이전과는 완전히 다른, 백배나 더 괜찮은 가족이 된 것이다.

서성자 집사는 미국 이민자였다. 그는 한국 땅에서 살 때도 그랬지만 미국으로 이주해서도 정말 열심히 살았다. 그에게는 한 가지 고민이 있었는데 그것은 남편과의 불화였다. 남편은 그녀를 좋아하지 않았다. 그녀의 일거수일투족이 불만이었고, 그녀 역시 남편을 미워했다. 힘들고 지친 그녀에게 유일한 위로는 이민 교회에서 드리는 예배였다.

그녀의 고통을 지켜보던 목사님은 안타까운 마음을 가지고 "남편을 위하여 종이 되세요. 힘들겠지만 희생해 보세요." 라고 권면했다. 그녀는 목사님의 권면대로 철저하게 남편에게 희생하기 시작했다. 여성의 권리가 보장된 미국이었지만 그녀는 권리를 포기하고, 오직 남편을 위하여 살았다. 그 후 10년의 세월이 흘렀다. 지금은 아무도 그를 서성자 집사라고 부르지 않는다. 왜냐하면 그녀의 남편이 예수를 믿고 목사가 되었기 때문이다. 그녀가 남편의 종이 된 10년 동안 하나님은 그 남편을 주의 종으로 만드셨다. 정말 백배나 더 좋아진 남편이 된 것이다.

특별히 전도를 포기한 사람은 포기한 전도의 백배를 받게 되는데 이것은 우리의 경제적 능력이 백배로 증가하게 될 것이라는 하나님의 강력한 메시지이다. 경제력을 키우는 방법은 어렵지 않다. 쉬운 일이다. 어려운 것은 실제 행동으로 옮기는 것이다.

오해하지 말길 바란다. 소유를 포기하라는 것은 소유권을 포기하라는 것이지 어떤 소유도 하지 말아야 한다는 것이 아니다. 이 모든 것의 주인이 하나님임을 인정하는 것이 소유권을 포기하는 것이다. 그러면 하나님이 선한 청지기, 믿을 만한 관리자라 여기시고 백배로 맡기신다. 이 모든 것은 죽고 난 다음에 천국에서 받는 것이 아니다. 분명히 현재의 삶에서 백배로 받는다고 말씀한다.

하나님을 위하여 작은 것부터 포기하는 신앙을 소유하기 바란다. 포기하는 신앙은 우리의 경제력을 백배 향상시키는 원동력이다. 경영에 능통한 그 어떤 사람도 백배를 얻는 것은 어려운 일이다. 그러나 하나님을 위하여 무언가를 포기한다면 그 포기한 것의 백배를 받게 됨을 기억하라.

풍성한 분깃을 누리려면 두 번째로 하나님께 마땅히 드릴 것을 먼저 드려야 한다. 그런데 어떤 사람은 하나님과 거래를 하려고 한다.

"하나님! 제게 줄 것을 주십시오. 그러면 저도 하나님께 드릴 것을 드리겠습니다."

그러나 하나님은 우리의 자세가 이렇게 바뀌기를 원하신다.

"하나님, 드릴 것을 먼저 드리겠습니다. 먼저 받으시고 저에게 약속한 것을 주십시오."

그리고 기도의 말만 바뀌는 것이 아니라 실천이 동반하기를 원하신다. 우리가 먼저 드리겠다는 의지를 보일 때 하나님은 우리보다 먼저 행동하시며 복을 부어 주신다. 아낀다고 그것이 영원토록 손에 남는 것이 아님을 기억하라. 하나님이 한 번 불어 버리시면 그것은 바람에 나는 겨와 같이 우리에게서 떠나 버린다.

흩어 구제하여도 더욱 부하게 되는 일이 있나니
과도히 아껴도 가난하게 될 뿐이니라
구제를 좋아하는 자는 풍족하여질 것이요
남을 윤택하게 하는 자는 윤택하여지리라

-잠언 11:24~25

빌리는 기타를 잘 치는 청년이다. 그의 기타 솜씨는 듣는 사람의 마음을 감동시킨다. 그의 본명은 김경훈이다. 왜 그를 빌리라고 부르는지는 모르지만 하여간 모두가 그를 빌리라고 부른다. 그런데 빌리에게는 약점이 있다. 그것은 척추가 고장 나서 힘든 일을 할 수 없다는 것이다. 그래서 돈을 벌 수 없었다. 그래도 빌리는 하나님을 찬양하는 예배에서 기타리스트로 섬기는 일에 열심을 냈다.

그런데 하루는 한 집사님이 찾아왔다. 그리고 기도하는 중에 빌리를 돕고 싶은 마음이 들었다고 말했다. 그것도 달마다 정기적으로 돕겠다는 뜻을 전했다. 형편이 넉넉한 분이 아니었지만 후원은 멈추지 않았고 때때로 양복이나 구두를 사 오기도 하셨다.

그리고 시간이 흘렀다. 2년이 지난 후, 길에서 그 집사님을 우연히 뵙게 되었는데 우리나라에서 최고로 비싼 자동차를 타고 있었다. 그분의 형편을 알고 있었기에 어찌된 거냐고 묻자 그분은 온화하게 웃으며 "하나님이 주셨어요." 라고 말하는 것이었다.

각박한 이 시대에 남을 위하여 단 돈 만원 한 장 내놓는 것도 쉬운 일이 아니라는 것을 우리는 잘 알고 있다. 하지만 주변의 상황에 개의치 않고 하나님을 위하여 자신의 것을 드리는 사람은 하나님의 복을 받게 되어 있다. 하나님의 것을 하나님께 드리지 않고 복을 받겠다고 기대하지 마라.

특별히 복음을 위하여 드리는 손길이 되라. 선교사를 위하여, 잃어 버린 영혼을 구원하는 일을 위하여 아낌없이 드려, 당신의 돈이 거룩한 재물(Holy Money)이 되게 하라. 우리가 복음을 위하여 심은 만큼 거두 게 될 것이다.

이것이 곧 적게 심는 자는 적게 거두고

많이 심는 자는 많이 거둔다 하는 말이로다

-고린도후서 9:6

하나님께 드리는 일에 인색한 사람이 되지 말고 하나님의 사역을 위해 투자하기 바란다. 이 세상에 하나님보다 더 훌륭한 기업은 없다.

방법3 기대함으로 기다리라

풍성한 분깃을 누리는 세 번째 방법은 기대함으로 기다리는 것이다.

세상에 기다림처럼 지루한 것은 없다. 붕어 낚시를 해 봤는가? 아무리 기다려도 입질이 오지 않는 찌를 들여다보고 있는 것은 참으로 고역이다. 하지만 낚시를 좋아하는 사람은 언제 물지 모르는 찌를 바라보며 지루함을 이겨 낸다. 어떻게 그럴 수 있을까? 그것은 이미 붕어를 잡아 봤기 때문이다. 기다림이 지루하기는 하지만 때가 되면 입질이 오고,

낚아채면 붕어가 발버둥을 치며, 대를 잡고 있는 손끝에 쾌감이 전해 올 것을 알기 때문이다. 그 쾌감을 알기 때문에 지루함을 기대감으로 바꾸어 가며 견뎌 내는 것이다.

하나님의 보상도 그렇다. 반드시 온다. 아직 때가 이르지 않았을 뿐이지 반드시 온다. 그러므로 기대감을 가져야 한다. 이미 받아 본 사람은 그 기대감이 무엇인지 알 것이다.

우리가 선을 행하되 낙심하지 말지니
피곤하지 아니하면 때가 이르매 거두리라
-갈라디아서 6:9

우리는 공업적인 원리로 세상을 본다. 원료를 넣으면 금방 기계에서 튀어나올 것이라고 생각한다. 그러나 하나님의 응답은 농업적 원리로 이해해야 한다. 기다림이 필요하다는 것이다. 하나님은 슬롯머신 기계가 아니다. 100원을 넣고 당겨서 금방 1,000원이 튀어나오는 것으로 생각해서는 안 된다. 하나님은 인내하며 때를 기다리라고 말씀하신다. 때가 되어야 거두게 되는 것이다.

농부의 사고방식으로 인내하라. 농부는 봄에 씨를 뿌리고 여름과 가을 내내 인내함으로 기다린다. 겉은 익은 듯 보여도 속까지 완전히 익지 않았음을 알기에 가을볕에 완전히 익을 때까지 기다린다.

하나님의 열매도 낙심하지 않고 기다리면 얻게 된다. 사람의 생각을 따르지 말고 오직 하나님의 말씀만을 믿기 바란다. 사람의 생각은 종종 마귀가 틈을 타서 하나님의 위대함을 의심하게 한다. 마귀에게 지지 말고 하나님의 능력을 힘입어 승리하는 인생을 살기 바란다.

인간의 현실과 하나님의 기적

사람의 경제 원리가 무너질 때

2007년은 평양 대 부흥이 일어난 지 꼭 100년이 되는 해이다. 그래서 많은 기독교 단체들이 그것을 기념하는 대대적인 집회와 행사를 준비하고 있다. 그리고 이 땅에 다시 한 번 그날의 부흥을 허락해 달라고 기도하고 있다. 하지만 다시 임할 부흥에 대하여 낙관적인 사람은 많지 않다. 현실은 도무지 이 땅에 또다시 부흥이 임할 것 같지 않기 때문이다. 그러나 현실은 늘 이상과 괴리가 있게 마련이며, 현실을 넘어서는 것이 바로 하나님의 방법이다.

1907년 평양에서 대 부흥이 일어났을 때 한국 땅을 바라보는 많은 선교학자들은 큰 기대를 했다. 평양의 복음화 속도가 그대로 지속된다면 전 세계가 하나님께로 돌아오는 것은 시간문제라고 생각했기 때문이다.

하지만 대 부흥이 일어나기 얼마 전까지만 해도 한국은 정말 희망이 없는 땅이었다. 외세에 억압당하고 있었고, 복음을 전하기 위해 들어온 선교사들은 현지인 지도자들과 충돌했고, 선교사들끼리도 하나 되지 못하는 그런 형편이었다. 이 모습을 지켜보면서 부흥을 기대하기는 힘들었다. 그러나 하나님은 우리의 변할 수 없을 것 같은 현실을 언제나 아무것도 아닌 것으로 만들어 버리신다.

1907년 1월 14일부터 시작된 평양 장대현교회의 부흥은 사람이 만든 것이 아니었다. 사람들은 강단에 서 있는 길선주 목사를 보며 예수님의 모습을 보았다고 고백할 정도였다. 많은 사람들이 자신의 감춰진 죄를 고백하기 시작했고, 호렙 산의 섬광과 같은 성령의 칼날들이 모인 사람들의 심령에 꽂히기 시작했다. 바로 전날까지만 해도 상상도 할 수 없던 일이 일어난 것이다. 누구도 이 땅에 그러한 하나님의 놀라운 역사가 나타날 것이라고 기대하지 못했는데 하나님은 사람이 만든 현실을 하나님의 기적으로 바꾸셨다.

이러한 놀라운 사건이 단지 평양 대 부흥의 기적뿐일까? 이전에도 하나님은 수많은 장소에서 그보다 더 놀라운 일들을 이루셨다. 그리고 사람들은 그때마다 기적이라고 말했다. 사람들은 기적이 일어나기 바로 직전까지, 현실을 극복할 방법은 없다며 절망하고 있었다.

우리는 수년간 극심한 경제적 침체를 경험하고 있다. 사업을 하는 사람은 부도를 맞고, 직장에 다니는 사람은 해고를 당하고, 그로 인해 가정이 파괴되는 등 서민 경제가 무너져 버렸다. 대학생들에게 낭만이라는 것은 먼 이야기가 되었다. 입학하자마자 취업을 준비하는 것이 요즘 대학생들의 모습이다. 자신의 신념이나 사회의 변혁을 위해 학생 운동을 하는 것은 바보 같은 짓이 되었다. 서울대학교 정운찬 전 총장은 총장을 그만두는 자리에서 이 나라의 대학생들이 너무 돈 버는 데에만 혈안이 되어 있다고 개탄했다. 무너지는 경제를 보면서 어떻게든 나만은 살아 보겠다는 몸부림이 참 애처롭기까지 하다는 생각이 든다.

경제가 무너지자 사람들의 마음도 많이 각박해졌다. 현재 우리나라의 국가 예산 240조 원에서 약 25퍼센트인 61조 원이 복지 예산에 책정되어 있는데, 공공복지 예산이 급격히 늘어나는 이유 가운데 하나는 기부나 자원 봉사의 약화 때문이라고 한다. 사람들이 기부할 돈을 벌지 못하고, 버는 사람들 역시 이럴 때는 돈을 움켜쥐고 미래를 대비해야한다는 생각을 하기 때문이다. '모아 놓으면 남는다.' 는 사람의 경제 원리로 미래를 대비하고 있는 것이다. 그리고 그렇게 살지 않는 사람을 바보 취급한다.

그런데 최근, 나누어 주면 재물도 남을 뿐 아니라 사람도 남게 된다는 하나님의 방법을 실천으로 옮겨 화제가 된 사람이 있다. 바로 방글라데시의 그라민 은행의 설립자인 무하마드 유누스이다.

최근 노벨 평화상 수상자가 된 무하마드 유누스는 어떻게 재물을 사용해야 하는지 모르는 사람들에게 올바른 길을 제시해 준다. 그가 그라민 은행을 설립한 이유는 주체할 수 없을 만큼 돈이 많기 때문도 아니고, 은행을 통해 많은 이윤을 남기려는 목적 때문도 아니다. 그가 설립한 은행은 방글라데시의 극빈층을 대상으로 소액을 대출해 주는 은행이다. 그의 은행은 이윤을 남기기 위한 은행이 아니라 사람을 남기기 위한 은행이다. 생활 기반 확립을 위하여 창업 자금을 빌려 주는 일이 이 은행의 주요 업무이다.

사람들은 이 은행이 처음 문을 열었을 때 얼마 못 가서 곧 파산하게 될 거라고 예상했다. 사람의 경제 원리로는 말이 되지 않는 일이었으니 말이다. 그러나 이 은행은 1983년 10월 2일 정식으로 문을 연 지 23년이 지난 지금, 방글라데시는 물론 전 세계가 주목하는 은행으로 성장했다. 이렇듯 크리스천이 아니라 할지라도 하나님의 방법으로 사는 사람은 사람의 경제 원리를 무색하게 만드는 법이다.

우리가 알고 있는 세상의 원리는 '모아 놓으면 남는다.' 는 것이다. 많이 먹으면 배 부르고, 많이 마시면 갈증을 해결할 수 있다는 것이다. 많이 뿌리면 많이 거두고, 많이 벌면 남는 것이 있어야 한다.

그런데 이러한 세상의 경제 원리가 무너질 때가 있다. 언제 그런 일이 일어날까? 우리는 학개 선자자의 외침에서 세상의 경제가 무너지는 소리를 들을 수 있다.

왜 우리가 학개 선지자의 목소리에 주목해야 하는가? 그 이유는 그의 외침이 있던 시대적 상황과 지금 우리의 현실이 큰 차이를 보이지 않기 때문이다. 돈 버는 것을 하나님의 성전 세우는 것보다 중요하게 생각하는 우리의 모습이나 경제적인 문제 때문에 하나님의 성전을 황폐하게 방치하는 그들의 모습이 무척 닮았기 때문이다.

거룩한 열정을 품어라

성전 짓기를 포기한 이스라엘 백성

이스라엘의 가장 큰 부흥의 시기는 요시야가 왕이 되어 다스리던 시대이다. 요시야 왕은 이미 300여 년 전에 예언된 하나님의 사람이었다.

패역한 이스라엘에게 유월절을 회복시키고 제사를 바로 세우며, 이스라엘을 하나님의 백성이 되게 하는 놀라운 영적 부흥이 바로 이때 일어났다. 그러나 안타깝게도 요시야 시대의 부흥은 너무나 빨리 끝나 버렸다. 요시야가 죽자 이스라엘 백성들은 그 이전의 상황으로 다시 달려가 버렸고, 하나님의 거룩한 성전으로 살고자 하는 마음을 더 이상 갖지 않았다.

그 결과는 70년간의 포로생활이었다. '바빌론의 유수'라고 하는 치욕이 기다리고 있을 뿐이었다. 예루살렘 성전은 훼파되었고, 성전에서 쓰이던 금은 기명들은 모두 전리품으로 바빌론에게 빼앗겼다. 이스라엘 백성들은 이제 성전 없는 백성, 제사 없는 백성들이 되어 버렸다. 그러나 하나님은 이 백성들을 그대로 두지 않으시고, 자비를 베풀어 그들에게 예배할 수 있는 처소를 주시고자 했다.

그들에게 이같이 대하심은 이스라엘이 하나님의 선택받은 백성이며, 거룩한 성전 공동체이기 때문이었다. 제사 없이, 예배 없이는 존재 가치가 없는 사람들이기 때문이다. 예배 없는 하나님의 백성은 더 이상 하나님의 백성으로서의 존재 가치를 갖지 못한다.

이스라엘 백성들은 돌아오자마자 하나님의 성전 짓는 일을 시작했다. 이것은 그들의 신앙이 부흥할 수 있는 최고의 기회였다. 그러나 그들은 곧 실망하고 성전 짓는 일을 16년간이나 방치해 버린다. 그들이 성전 건축을 중단한 표면적인 이유는 대적들의 방해였다. 에스라서 4장에 의하면 사마리아 사람 심새와 르훔의 방해로 그들은 성전을 짓지 못하게 되었다. 그러나 더 근본적인 이유는 성전 회복보다 대적으로부터 입을 경제적 손실을 막는 것을 더 중요하게 여겼기 때문이다.

이스라엘 백성들의 성전 건축 포기 사건을 보면서 드는 아쉬움은 '왜 그들에게는 사마리아 사람들 같은 열정이 없었는가?' 하는 것이다. 사마리아 사람들은 성전 건축을 방해하기 위해 고레스 왕 때부터 다리오 왕 때까지 뇌물과 협박, 간계를 그치지 않았다. 그들은 왕이 직접 읽을 수 있도록 왕에게 올리는 글을 공식 언어인 아람 문자로 작성할 정도의 노력과 열정을 기울였다.

그러나 이스라엘은 그러한 대적의 방해 앞에서 그저 지켜볼 뿐 아무런 조치도 취하지 않았다. 이스라엘 백성들은 사마리아 사람들만큼 열정적이지 못했고, 결국 환경에 굴복하여 하나님의 성전을 포기해 버렸다. 만일 성전을 재건축하는 일에 대적들과 같은 열정이 있었다면 그들의 성전은 16년간이나 황폐한 상태로 방치되지는 않았을 것이다.

우리는 이 사건을 보면서 우리의 무너진 경제 원리를 세우는 방법을 발견할 수 있다. 그것은 하나님의 위대함을 높이는 일에 멈춰 서지 말라는 것이다. 잠시 나의 유익을 위하여 하나님의 큰일을 포기하는 순간 나의 유익은 물거품처럼 사라지게 된다.

방해자보다 더한 열정으로 싸워라

우리가 하나님의 일을 하려고 할 때 누군가 열정을 가지고 방해한다면 경제적인 문제를 고려하며 뒤로 물러서서는 결코 안 된다. 우리는 방해자의 열정보다 더한 열정으로 대항해야 한다. 우리의 원수 마귀가 우리를 방해한다면 우리는 마귀보다 더 큰 능력의 주님과 함께 마귀의 일을 대적해야 한다. 더러운 죄가 하나님께로 나아가는 데 방해가 된다면 우리는 즉시 죄로부터 받는 방해보다 열 배나 더 큰 힘으로 그것을 제어해야 한다. 그것이 우리의 경제 원리를 파괴하지 않는 방법이다. 우리가 경제적 이익을 얻고자 한다면 세상과 타협해서는 안 된다. 물론 세상은 자기와 타협해서 더 많은 이익을 얻으라고 유혹할 것이다. 그러나 그것은 앞으로 남고 뒤로 밑지는 장사일 뿐이다.

이스라엘 백성들은 이런 거룩한 열정이 없었다. 도리어 대적의 방해를 받자 "지금은 때가 아니니라." 라는 말을 하며, 성전 짓는 일을 포기해 버렸다. 도대체 때가 언제인가? 하나님의 전을 지어야 할 때는 바로 지금이다. 바로 지금이 하나님의 전을 건축해야 할 시점이다. 하나님이 그 마음을 주셨다면 바로 그때가 가장 정확한 때이다. 더 이상 늦춰서는 안 된다.

물론 현실은 우리에게 불가능하다고 말할 것이다. 사실 불가능해 보인다. 하지만 하나님이 원하신다면 불가능한 상황 가운데 있다 할지라도 그때가 가장 정확한 때이다. 그러므로 하나님의 도우심을 믿고 당장 시작하라.

이스라엘과 같이 '지금은 때가 아니라.' 라는 말로 상황을 정당화하고, 얄팍하게 자기의 유익을 구하며, 판벽한 집에 거하는 것은 하나님의 백성이 지닐 만한 모습이 아니다. 백성들은 벽과 지붕에 각양 문양을 새겨 넣어 화려하게 만든 판벽한 집에서 살면서 하나님의 집은 황무한

가운데 있는 그때가 성전을 지을 때가 아니라면 언제가 하나님의 전을

지을 때라는 말인가?

성전을 회복하라

성전 회복을 거부한 결과

하나님의 성전 회복을 거부한 결과는 참혹한 것이었다. 이스라엘 백성에게 닥친 결과는 그들이 예상하지 못한 방향으로 전개되었고, 급기야 그들을 절망 가운데로 밀어 넣었다. 학개서 1장 2절을 자세히 보면 하나님이 이스라엘 백성들을 부르시는 호칭의 변화가 나타난 것을 발견할 수 있다. 하나님은 이스라엘 백성을 향하여 "이 백성이……"라고 부르셨다. 하나님께 이스라엘은 '내 백성'이지 '이 백성'이 아니다. 가장 어려운 상황 가운데서도 하나님은 내 백성이라고 부르셨지 이 백성이라고 부르시지 않았다. 그런데 성전 회복을 단지 경제적인 이유를 들어 거부했을 때 하나님은 내 백성이 되어야 할 이스라엘을 이 백성이라고 불렀다.

그들은 경제적인 이유로 하나님의 성전 짓는 일을 미루었다. 즉 자신들의 경제적인 이익에 상충되는 일이었기에 하나님의 성전 짓기를 거부했다. 그러자 하나님은 그들의 경제 원리를 무너뜨렸다. 가장 먼저 그들의 판벽한 집에 벌레가 들게 하셨고, 그들의 수입을 줄이셨으며, 그들에게 건강을 허락하지 않으셨다. 판벽한 집에 살면서 여호와의 집은 퇴락한 채 방치하던 그들에게 하나님의 합당한 방법을 사용하신 것이다. 하나님은 사악한 백성들에게 이렇게 보응하셨다.

- 많이 뿌렸음에도 적게 거두게 하셨다.
- 많이 먹어도 배부르지 못하게 하셨다.
- 많이 벌어도 남는 것이 적게 하셨다.

많이 뿌렸음에도 적게 거두는 것, 많이 먹어도 배부르지 않는 것, 많이 벌어도 남는 것이 별로 없는 것, 바로 사람의 경제 원리가 파괴되는 순간이었다. 경제 원리라는 것이 무엇인가? 많이 뿌리면 많이 거두는 것이 경제 원리이다. 먹으면 배가 불러야 하고, 벌면 주머니에 남아 있어야 한다. 그러나 하나님의 백성이 하나님의 백성이 되지 못할 때, 이 기본적인 원리는 무너지고 말았다.

하나님은 마지막으로 땅이 저주를 받아 산물을 그치게 하셨고, 한

재를 불러 모든 산업에 임하게 하셨다. 하나님 백성들의 죄악과 땅의 저주는 밀접한 연관이 있다. 창세기 3장 17절에 보면 범죄가 일어났던 현장에서 하나님은 아담에게 다음과 같이 말씀하셨다.

"네가 네 아내의 말을 듣고 내가 너 더러 먹지 말라 한 나무의 실과를 먹었은즉 땅은 너로 인하여 저주를 받고……."

아담이 귀를 기울여야 할 말씀은 하나님의 말씀이었다. '동산 다른 실과는 먹되 선악을 알게 하는 나무는 먹지 말라.'는 하나님의 말씀에 귀를 기울였어야 했다. 그러나 아담은 하나님의 말씀을 듣는 것보다 아내의 말 듣기를 더 좋아했다. 하나님은 그것을 죄로 여기셨고, 그 죄악으로 인하여 땅이 저주를 받게 된 것이다.

성전을 건축하라는 것은 하나님의 말씀이다. 그러나 백성들 중 몇몇은 경제적인 이유를 들어 하나님의 성전 짓는 일을 연기하자고 주장했다. 지금 이렇게 경제가 어려운데 어떻게 전을 지을 수 있겠느냐는 논리였다. 백성들이 그들의 말을 듣고 자기 사정을 살펴보니 너무나 일리 있는 말이었다. '내 수중에 가진 것이 이것밖에 없는데, 이건 여기에 저건 저기에 쓰고 나면 남는 것이 없다.'는 그들의 말은 대단히 현실적이다. 이스라엘 백성들은 현실적이고 일리 있어 보이는 그들의 말을 하나님의 말씀보다 좋아했다. 그러나 그것은 죄악이다. 하나님의 말씀에 불순종했을 뿐 아니라 하나님을 믿지 못했기 때문이다.

하나님께 죄를 짓게 되면 반드시 그에 합당한 보응을 받게 되는데, 이스라엘에게는 어떤 결과가 임했는가? 땅이 저주를 받았다. 하늘에서 이슬이 그치고, 땅은 소산을 내지 못하게 되었다. 죄악이 시작되기 전 에덴은 인간의 노동과는 상관없이 소산을 내었다. 그때는 땅이 죄악에 영향을 받지 않았기 때문에 사람이 힘써 작물을 가꾸지 않아도 소산을 충분히 내었다. 그런데 죄악이 들어온 다음 가장 먼저 나타난 현상은 무엇인가?

아담에게 이르시되

네가 네 아내의 말을 듣고

내가 너더러 먹지 말라 한 나무 실과를 먹었은즉

땅은 너로 인하여 저주를 받고

너는 종신토록 수고하여야 그 소산을 먹으리라

-창세기 3:17

가장 먼저 일어난 현상은 땅이 저주를 받아 더 이상 원래의 기능대로 쓰임을 받지 못했다는 것이었다. 땅은 과거처럼 산물의 원천이 아니라 철저하게 노동에 반응하는 존재가 되었다. 땀을 쏟지 않으면 가시와 엉겅퀴를 줄 뿐이다. 거기서 채소를 얻고자 한다면 땀을 쏟아 부어야 했다. 아담이 하나님의 말씀에 불순종하여 땅에 죄를 쏟아 부은 이후 이렇게 땅은 이전과는 다른 모습으로 변했다.

더욱 놀라운 것은 세상의 경제 원리의 근본인 땅에 집착하면 더 큰 문제가 생긴다는 것이다. 하나님은 땅에 대하여 몇 가지 말씀을 주셨는데 그 중에 하나가 마귀를 상징하는 뱀은 땅(흙)을 먹어야 한다는 것이다. 즉 마귀는 땅을 먹지 않으면 살 수 없는 존재가 된 것이다. 마귀는 어떻게든지 생존을 위하여 땅의 주인이 되고자 노력한다. 만약에 인간이 땅에 집착한다면, 땅의 주인을 자처하는 거짓말쟁이 마귀에게 넘어가는 것이다.

예배를 회복하라

성전을 회복하는 일에 힘을 쏟지 않은 이스라엘 백성에게 내린 하나님의 보응은 가혹한 것이었다. 이대로 더 시간이 흘렀다면 그들의 삶은 이스라엘의 역사를 통틀어 가장 비참한 것이 되었을 것이다. 그러나 하나님은 자기 백성의 멸망을 바라시지 않았다. 하나님이 원하시는 것은 온전한 회개이다.

그 이유는 하나님과 이스라엘 사이의 약속 때문이다. 하나님은 이스라엘 백성들과 한 가지를 언약하셨다. 사람은 하나님과의 약속을 잊어도 하나님은 기억하신다. 천년이 열두 번 지나도 하나님은 약속을 기억하신다. '나는 너희의 하나님이 되고, 너희는 나의 백성이 되리라(레 26:12).' 는 하나님의 약속 때문에 하나님은 이스라엘 백성들에게 이렇게 말씀하신다.

"너희는 자기의 소위를 살펴볼지라! 그리고 성전을 건축하라! 내가 그로 인하여 기뻐할 것이요, 영광을 얻으리라!"

하나님께서 이스라엘 백성과 맺은 약속을 소중히 생각하시는 것처럼 영적 이스라엘인 우리와의 약속도 소중하게 생각하신다. 하나님은 이스라엘에게 이렇게 말씀하셨다.

"너희는 자신을 돌아보아 회개하고 예배를 회복하라!"

동일하게 우리에게 말씀하고 있지 않는가? 약속의 백성인 우리에게도 하나님은 언약에 근거하여 지금도 우리를 포기하지 않으시고 말씀하고 계신다. 세상의 경제 원리에 따라 하나님을 잊어버린 우리에게도 동일하게 말씀하시며, 애타게 참고 기다리고 계신다.

만일 우리가 예배를 가볍게 여기고 하나님의 성전 세우는 일에 힘을 쏟지 않는다면, 그래서 하나님의 예배가 조롱거리가 되고 하나님의 성전이 더럽혀져서 초라하게 변해 버린다면 하나님은 분노하실 것이다. 그 분노의 대가는 우리가 신뢰하는 세상의 경제 원리가 철저하게 무너져 버리는 것이다. 만일 자신의 경제적인 이익을 위해 예배를 무시한다면 이는 도리어 궁핍을 자초하는 일이 될 것이다. 만일 우리가 돈을 위하여 하나님을 포기한다면 우리는 돈을 잃을 뿐만 아니라 하나님도 잃게 될 것이다.

어떤 이는 자신의 경제적인 이익을 위하여 예배를 포기한다. 예배드려야 할 주일에 더 많은 수익을 얻기 위하여 상점의 문을 열고 성전을 회복하는 일을 포기해 버린다. 어떤 이는 직장 상사와 골프 약속을 성전 회복보다 더 중요하게 생각하고 필드로 달려 나간다. 학생들은 더 나은 미래를 기대하며 예배를 포기하고 도서관으로 향한다. 버는 것 같고 얻는 것 같지만 망하는 길을 가는 것이다.

성전의 진정한 의미

성전을 회복하는 것은 건물을 세우거나 보수하는 일이 아니다. 하나님이 계실 곳이 없어서 성전을 세우라고 하는 것이 아니다. 하나님은 하나님의 백성이 성전의 진정한 의미를 알기 원하신다. 그리고 참다운 성전을 세우되 정결하게 세우기를 원하신다.

진정한 성전의 회복은 무엇인가? 눈에 보이는 유형의 성전이 아닌 우리의 중심에 서 있는, 오직 하나님과 나만이 바라볼 수 있는 그 성전의 회복을 하나님은 기대하고 계신다.

진정한 성전의 회복은 개개인의 예배의 회복이며 또한 공적 예배의 회복이다. 개인의 예배 회복은 스스로를 거룩하게 유지하는 것이다. 공적 예배의 회복은 함께 모여 하나님의 말씀을 듣고, 100년 전 평양에서처럼 완전히 새로운 사람으로 거듭나는 것이다.

우리가 스스로 자기의 소위를 돌아보아 개인의 예배와 공적인 예배를 회복할 때 하나님은 무너져 버린 '사람의 경제' 라는 고목나무를 뽑아 버리고, 그 자리에 '하나님의 경제' 라는 건강한 묘목을 심으실 것이다. 먼저는 영혼이 잘 되고, 범사가 잘 되는 하나님의 경제 부흥을 경험하게 하실 것이다. 적게 심었는데도 많이 나게 하는, 많이 먹지 않았는데도 배부르는, 많이 벌지 못했음에도 우리의 자루가 차고 넘치는 하나님의 역동적인 능력을 보게 될 것이다. 예배를 회복하여 성전을 세운다면 세상의 경제학으로는 이해되지 않는 하나님 경제학을 깨닫게 될 것이다.

이렇게 하면 하나님이 주시는 풍성한 분깃을 누릴 수 있다!

1 포기하라

하나님의 풍요 안으로 들어가는 첫 번째 방법은 포기하는 것이다.
특히 복음을 위해 당신의 것을 포기하라.
하나님이 놀라운 보상을 안겨 주실 것이다.

2 하나님의 것은 하나님께 드려라

우리가 먼저 드리겠다는 의지를 행동으로 보일 때
하나님은 우리보다 먼저 행동하시며 복을 부어 주신다.

3 기대함으로 기다리라

하나님의 보상은 반드시 온다.
수확을 기대하는 농부처럼 인내하며 기다린다면 반드시 얻게 된다.

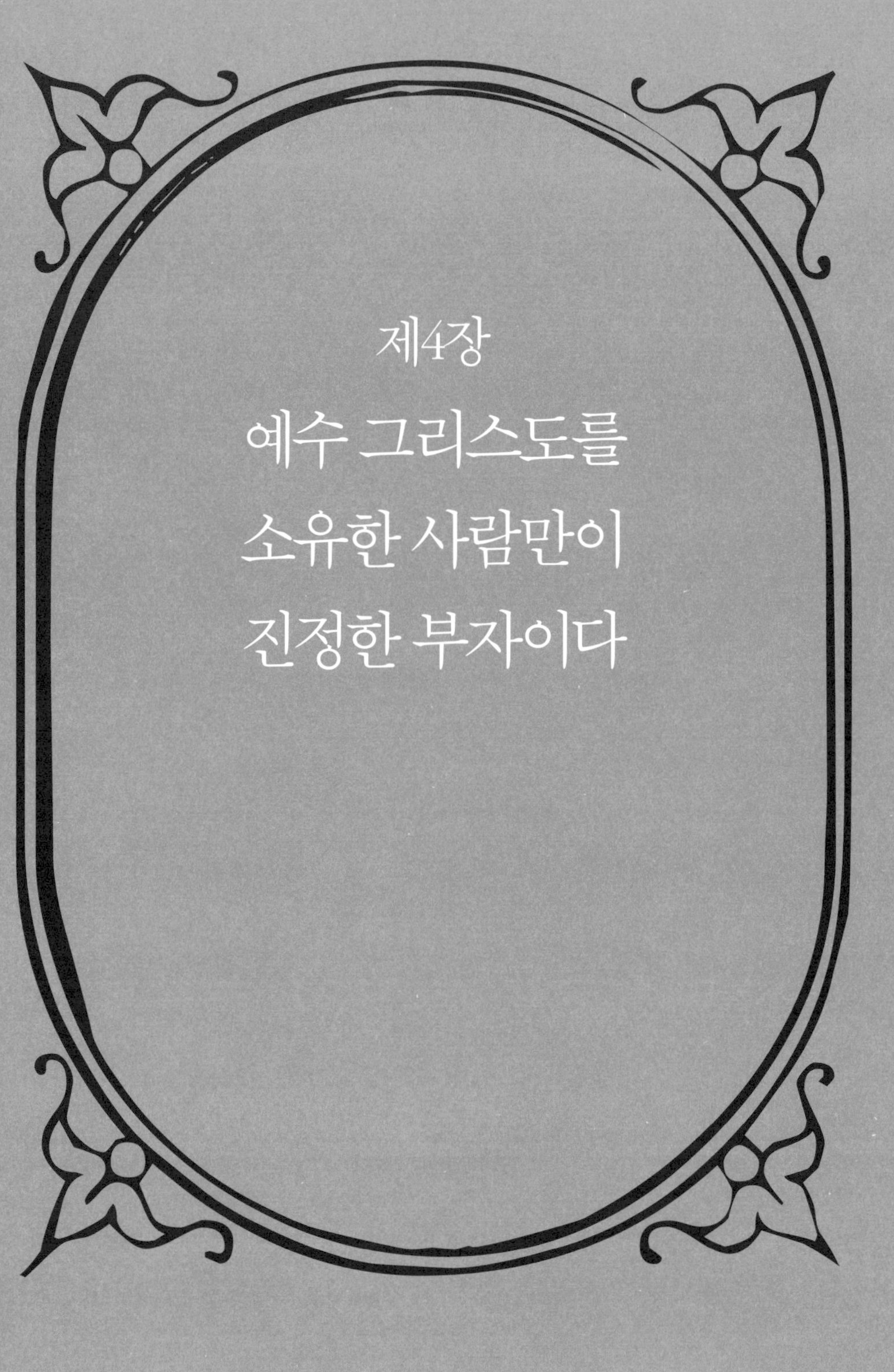

제4장

예수 그리스도를
소유한 사람만이
진정한 부자이다

하물며 영원하신 성령으로 말미암아

흠 없는 자기를 하나님께 드린 그리스도의 피가

어찌 너희 양심으로

죽은 행실에서 깨끗하게 하고

살아계신 하나님을 섬기게 못 하겠느뇨

-히브리서 9:14

명품을 명품 되게 하라

명품에 열광하는 사회

최근 우리 사회의 화두 가운데 하나는 '명품' 이다. 사람들은 명품 한두 개쯤 갖는 것을 당연하게 생각한다. 대체로 명품의 값은 보통 근로자의 한 달 월급보다 비싼 것이 대부분이다. 그래서 명품을 갖고 싶어 하는 사람들끼리 모여 명품 계를 들기도 한다. 하나같이 요상한 발음의 외국 물건들이 한국 사람들에게 귀한 대접을 받고 있다.

한 인터넷 쇼핑몰에서 최근 5,661명을 대상으로 한국인의 명품 선호도를 조사한 결과, 구찌가 22.1퍼센트로 1위를 차지했고 루이비통, 샤넬, 버버리, 크리스찬 디올 등이 각각 2위에서 5위를 차지했으며 까르띠에, 랄프로렌, 페라가모, 프라다, 베르사체, 아르마니, 불가리, 펜디, 발리, 에스까다, 에트로, 셀린느, 에르메스, 코치 등이 20위권 안에 들었다고 한다. 어떻게 발음해야 할지도 모를 이름의 명품들이 한국 사회를 휘젓고 있다.

사람들은 명품이라고 하면 무조건 좋아한다. 그래서 기업이 만드는 제품에도 명품이라는 단어가 많이 들어간다. 명품 텔레비전, 명품 냉장고, 명품 자동차 심지어는 먹을거리도 명품이 있다. 한번은 마트에 갔는데 마트에서 파는 고등어에도 명품이라는 말이 붙어 있었다. 최근 출간되는 책들도 명품이라는 단어가 들어간 제목의 책들이 상당히 많다. 심지어는 성경도 명품 성경이 있을 정도이니 말이다.

이렇게 명품이 대접을 받다 보니 명품을 가장한 가짜들도 나오는데 우리나라가 명품을 위조한 가짜 상품을 만드는 기술이 세계 최고라고 한다. 그야말로 가짜를 만들어 내는 기술이 명품인 셈이다. 너무나 똑같이 만들어서 제조사에서도 알아챌 수 없을 정도라고 한다. 한번은 까르띠에라는 명품 시계를 모조한 이미테이션을 선물 받은 사람이 가짜인 줄 모르고, 시계 줄을 애프터서비스 받기 위해 회사로 보냈는데 정상 제품으로 인정되어 수리를 받은 적도 있다고 하니 우리나라의 모조 기술은 명품이 확실한가 보다.

사람들이 이렇게 명품에 집착하는 이유는 무엇일까? 어떤 사람은 명품을 걸치고 다녀야 대접받는 세상이기 때문이라고 말한다. 어떤 사람은 명품을 입으면 스스로 자신감을 갖게 된다고 말한다. 실제로 명품을 걸치고, 고급차를 타면 사람들의 대우가 달라지는 것이 사실이다. 얼마 전 스웨덴 대사 부부가 소형차를 타고 외교부 만찬이 열리는 호텔에 갔다가 주차 관리 요원에게 박대를 당했다는 기사는 우리 사회의 이러한 모습을 잘 설명해 주는 일화이다.

김규형 사장은 알루미늄 새시를 건설업체에 납품하는 중소기업을 경영하고 있다. 그는 검소한 사람이며, 늘 분수에 맞게 산다는 생활 철학을 지키는 사람이다. 그가 어느 날, 차량을 바꿀 때가 되어 원래 타던 고급 대형차에서 적당한 중형차로 자가용을 바꾸었다. 그런데 차를 교체한 지 얼마 되지 않아 중형차를 다시 고급 대형차로 바꾸어 버렸다. 이유인즉슨 중형차로 자가용을 바꾸고 난 후 회사의 큰 수주 물량을 놓쳤기 때문이라는 것이다. 거래처 실무자가 자가용이 작아진 것을 보고 회사가 망해 가고 있다고 생각해서 수주를 해 줄 수 없다고 말했다는 것이다. 정말 코미디 같은 이야기지만 실제로 일어난 사건이다.

이런 웃지 못 할 일이 우리 사회에서 자주 일어난다. 명품을 걸쳐야 대접받고, 좋은 차를 타면서 허세를 부려야 사업을 할 수 있다는 현실은 서글프고 씁쓸하다. 이 모든 것이 눈에 보이는 것에 집착하기 때문인데 그런 눈으로는 안에 감추어진 진정한 가치들을 볼 수 없다. 명품 자체를 비난하는 것이 아니다. 명품이 된 것은 그만한 가치가 있기 때문이므로 명품으로 소중히 여기는 것은 당연하다. 그러나 명품을 가졌다고 사람까지 명품이 되는 것은 결코 아니라는 걸 잊어서는 안 된다.

왕의 자녀답게 살라

지금까지 나온 현악기 가운데 최고의 명품은 '스트라디바리우스'이다. 이탈리아의 크레모나 출신의 안토니오 스트라디바리가 만든 이 악기들은 현재 약 700대 정도가 남아 있다. 대부분이 2백만 불 이상이 나가는 고가의 제품들로, 만들어진 지는 300년 이상 된 것들이다. 스트라디바리가 만든 악기 중에는 두 대의 바이올린, 한 대의 비올라, 한 대의 첼로로 구성된 '파가니니 콰르텟'이라는 악기가 있는데 값이 무려 우리나라 돈으로 250억이나 된다고 한다. 그래서 국제 사회에서는 스트라디바리우스를 가장 많이 보유한 나라가 가장 강대국이라는 말이 있을 정도이다. 연주가들은 스트라디바리우스를 연주할 때 그 안에 장인의 혼이 담겨 있음을 느낀다고 말한다. 70년을 한결같이 악기 만드는 일에 바쳤던 스트라디바리의 혼이 악기에 담겨 있다는 의미이다.

이처럼 명품은 명품답다. 만드는 사람의 혼이 담겨 있고, 피나는 노력의 결과로 만들어진 것이다. 다만 명품을 가졌다고 명품 인생이 되는 것은 아니라는 사실을 직시해야 한다. 명품이 진정 명품다워지려면 명품다운 사람이 그것을 소유해야 한다. 천박한 사람이 명품을 걸치면 더

천박해 보일 뿐이다. 명품이 그 사람을 명품으로 만들 수 없으며, 명품다운 사람이 명품을 더욱 명품답게 만든다.

그러나 많은 사람들은 자신이 가진 명품이 자신을 고급스럽게 만들어 줄 수 있다고 생각한다. 아르마니 옷을 입고 까르띠에 시계를 차고 꾸찌 선글라스에 페레가모 신발을 신고 프라다 지갑을 손에 쥔 채 BMW에서 내리는 사람을 연상해 보라. 정말 고급스러워 보이지 않는가? 대단히 격이 있는 삶을 사는 사람처럼 보인다. 적어도 외적 조건만큼은 대단히 품격 있는 모습이다. 그러나 더 중요한 것은 그의 외적 조건만큼 내적 인격도 꽉찬 사람이냐 하는 것이다.

내적 견고함을 위하여 전신갑주를 취한 사람이 되라는 사도 바울의 권면대로 내적 조건까지도 품격이 있는가, 그렇지 않은가는 우리 인생에서 대단히 중요하다.

이 땅을 살면서 외적으로 품격 있는 삶을 사는 것을 추구하지 말라는 것이 아니다. 외적인 품격을 유지하는 것이 우리의 내적인 품격을 유지하는 데 상당한 제약이 된다고 말하고 싶지도 않다. 검소하게 사는 것이 하나님의 뜻이라고 말하는 사람들이 있겠지만 하나님은 우리가 빈곤하게 사는 것을 원치 않으신다. 하나님은 우리의 빈곤을 원치 않으시고, 우리의 풍요를 지극히도 원하시는 분이다. 우리의 땅에서 가시덤불이 자라고, 엉겅퀴가 무성하게 된 것은 전적으로 마귀의 짓이다. 하나님은 풍요하심이고, 빈곤은 마귀로부터 시작되는 것이다.

우리가 재물을 얻을 능력을 소유한 것은 이미 하나님께서 우리 열조에게 약속하신 언약이며, 지금도 우리와 맺고 있는 유효한 약속이다.

네 하나님 여호와를 기억하라

그가 네게 재물 얻을 능을 주셨음이라

이같이 하심은

네 열조에게 맹세하신 언약을

오늘과 같이 이루려 하심이니라

-신명기 8:18

또한 하나님은 자기 자녀들이 재물로 인하여 근심하기를 원치 않으신다. 재물과 근심은 같이 오는 것이 아니다. 정말 하나님 앞에 바로 서 있는 사람이라면 그가 가진 재물과 근심이 친구가 될 수 없다.

여호와께서 복을 주시므로

사람으로 부하게 하시고

근심을 겸하여 주지 아니 하시느니라

-잠언 10:22

우리는 매번 '하나님을 영접하는 자 곧 그 이름을 믿는 자들에게는 하나님의 자녀가 되는 권세를 주셨다.'고 고백한다. 우리가 하나님을 신뢰할 때 하나님은 우리의 신분을 자녀의 신분, 좀 더 정확하게 표현하면 상속자의 신분으로 바꾸어 주신다. 하나님의 자녀로, 아들로, 딸로 우리의 신분을 바꾼다고 말씀한다. 이것은 어느 누구도 부정할 수 없는 우리의 정해진 신분이며, 고귀한 모습이다. 그런데 우리를 자녀 삼으신 하나님은 모든 신들 위에 계신 신이며, 이 땅의 모든 것을 다스리시는 왕이시다.

대저 여호와는 크신 하나님이시요

모든 신 위에 크신 왕이시로다

-시편 95:3

정리해 보자. 하나님은 모든 신 위에 크신 왕이시다. 그분은 세상의 모든 것을 가진 분이다. 그런데 그 하나님이 우리를 자녀로 삼아 주셨다. 하나님의 모든 것을 상속받을 수 있는 상속자로 삼으신 것이다. 우리의 신분은 두말할 것도 없이 왕의 자녀이며 권세 있는 신분이다. 그러면 왕의 자녀들의 삶은 어떠해야 할까?

동서고금을 통하여 왕의 자녀들이 굶주렸다는 역사는 없다. 왕의 자녀, 즉 왕자와 공주는 그에 합당한 삶이 있는 것이다. 더욱이 하나님을 아버지로 삼은 자녀들의 삶은 두말 할 필요도 없을 것이다. 하나님은 분명히 당신의 자녀인 우리에게 부유함을 주신다. 하나님의 상속자인 우리는 하늘나라의 왕자와 공주답게 영육 간에 풍요를 누리며 아버지를 찬양하면 되는 것이다.

사도 바울은 에베소서 1장 18절에서 '성도 안에서 기업의 영광의 풍성함'에 대하여 말한다. 성도는 기업의 영광의 풍성함을 누리는 자라는 것이다. 생각해 보라. 마귀의 무리들이 땅콩 알갱이를 먹는데 우리는 땅콩 껍데기만 먹는다는 것이 말이 되는 소리인가?

온 땅은 하나님의 것이다. 이 모든 세계는 하나님의 소유이다. 하나님은 태산만큼 많은 소떼를 가지고 계시지만 불고기 한 젓가락이라도 먹는 분이 아니시다. 하나님은 이 땅의 모든 금광을 소유하신 분이시지만 금가락지 하나라도 끼는 분이 아니시다. 그러면 이 많은 소떼를 어떻게 하겠는가? 이 모든 금덩이를 어떻게 처리하시겠는가? 이 모든 것이 하나님의 자녀인 우리를 위하여 예비한 것이라고 생각해 보지는 않았는가?

그러므로 우리는 이 땅에서 충분히 품격 있는 삶을 유지하고 살 수 있다. 그것이 하나님이 우리에게 바라시는 것이다. 우리는 모든 상속권을 갖고 자녀의 권세를 누리며 살아야 마땅한 것이다. 하나님의 은혜에 대하여 너무 영적인 것에 치우쳐 육적인 것을 가볍게 생각해서는 안 된다. 분명히 알아야 할 것은 우리가 누리는 하나님의 풍요함 중에는 영적인 것은 물론 육적인 것도 마땅히 포함된다는 것이다. 하나님의 축복은 내세와 현세에 모두 허락된 것이다.

마가복음 10장 29절 이하에는 하나님을 따르는 자들에게 주시는 복이 나와 있는데 금세와 내세라는 두 장소가 등장하며, 하나님의 복은 금세와 내세에서 주어진다는 사실도 정확하게 기록되어 있다.

하나님께 반드시 우리의 물질의 복을 위하여, 우리의 외적인 삶의 품격을 위하여 간구하고 또 그것을 누려야 한다. 이것이 하나님이 원하시는 것이다. 다만 그 외적인 품격을 누릴 때 우리의 내적 품격은 그보다 더 높아져야 할 것이다. 세상 사람들 중에는 외적인 삶은 대단히 비싼데 그 안에 감춰진 내적인 품격이 싸구려인 경우가 너무나 많다.

어떤 사람이 그러한가? 바로 자기중심적으로 사는 사람이다. 내가 무엇을 먹을까, 무엇을 입을까, 무엇을 누릴까만을 생각하고 사는 사람, 하나님이 중심이 아니라 자기 자신이 중심이 되어 사는 사람이 바로 그렇다. 이런 사람은 자신의 노력으로 외적인 삶은 꽤 좋아질지 모르지만 내적인 삶은 형편없이 가난하다.

세상이냐 하나님이냐

세상에 속한 사람

하나님은 이렇게 '무엇을 먹을 것인가, 무엇을 입을 것인가, 어떤 것을 누리며 살 것인가' 만을 추구하는 사람을 '세상에 속한 사람' 이라고 부른다.

> 너희는 무엇을 먹을까 무엇을 마실까 하여
>
> 구하지 말며 근심하지도 말라
>
> 이 모든 것은 세상 백성들이 구하는 것이라
>
> 너희 아버지께서 이런 것이
>
> 너희에게 있어야 될 줄을 아시느니라
>
> ─누가복음 12:29~30

세상에 속한 사람이란 내세에 관심이 없는 사람을 말한다. 하나님의 나라와는 상관없이 사는 사람, 천국에 소망을 두지 못하는 사람을 성경은 '세상 사람' 이라고 한다. 자기중심적으로 자기만을 위하여 사는 사람이 세상 사람인 것이다.

세상의 모든 것은 목적을 가지고 있다. 사람 역시 당연히 목적을 가지고 존재한다. 우리가 살아가는 목적은 바로 하나님의 영광을 위해서이다. 그런데 자기중심적으로 살며, 자기가 무엇을 누릴까만을 생각하고 산다면 그 삶은 목적을 잃어버린 삶이다.

교회도 마찬가지이다. 겉모양은 마치 중세의 성처럼 화려하고, 대단히 많은 교인들이 출석하지만 마치 내적인 삶이 형편없는 세상 사람과 같은 교회가 있다. 하나님이 주신 목적보다는 땅의 것을 추구하는 교회가 존재한다. 하나님의 나라와 의는 생각하지 않고 세상적인 가치관을 붙잡고 무엇을 먹을까, 무엇을 입을까만을 생각한다면 이는 목적을 잃어버린 교회라고 할 수 있다.

예루살렘교회를 기억하는가? 성령의 능력과 탁월한 리더십으로 무장되었던 예루살렘교회도 복음 전파라는 본질을 잃어버리고, 목적이 없는 교회로 변질되자 하나님의 버림을 받았다. 그리고 목적을 잃어버린 예루살렘교회가 역사 속으로 사라져 버린 것처럼 오늘날에도 교회의 본질을 망각한 교회는 사라져 갈 것이다.

그러나 안디옥교회를 떠올려 보라. 안디옥교회는 예루살렘의 박해를 토양으로 무명의 그리스도인들이 세운 교회이다. 그리고 안디옥교회는 하나님의 사명을 가슴에 품고, 목적을 이루어 가는 교회가 되었다. 그들은 성령님의 음성을 듣는 것에 게으르지 않았고, 자신들의 최고 지도자를 선교사로 파송하는 거룩한 모험도 거부하지 않았다. 그 결과 안디옥교회는 무려 1,000년간 하나님의 교회로서의 사명을 감당했다.

이미 그러나 아직

세상 백성과 구별된 하나님의 자녀들이 추구해야 할 것은 무엇일까?

"오직 너희는 먼저 그의 나라를 구하라!"

세상 백성, 자기만을 위하여 사는 사람들과는 다르게 하나님의 자녀들은 오직 하나님의 나라를 구하는 것을 우선해야 한다는 말씀이다.

그러면 하나님의 나라라는 것이 도대체 무엇인가? 하나님의 나라는 복잡한 것이 아니다. 하나님의 나라는 단순하게 생각해야 한다. 우리가 소망하는 천국이 바로 하나님의 나라이다. 하나님의 자녀들은 세상 사람들과는 다르게 이 천국을 소망하며 살아가는 사람들이 되어야 한다는 것이다. 종말론적 사고를 가지고 천국을 소망하며 이 세상을 살면 우리는 절대로 우리의 목적을 잃어버리지 않을 수 있다.

하나님 나라를 이해하는 데 가장 중요한 개념은「Already, Not Yet」,

즉 '이미 그러나 아직'이다. 하나님의 나라는 이미 우리에게 임했다. 그러나 아직 완성된 것은 아니기 때문에 하나님의 자녀들은 그의 나라를 위하여 오늘도 목적을 가지고 살아야 한다. 교회학자 하워드 스나이더는 '하나님 나라의 모델'이라는 책에서 하나님의 나라는 현재적이며 동시에 미래적이라고 말한다. 하나님의 나라란 미래에 우리가 누릴 영원한 천국이지만 그 천국은 또한 지금 우리가 천국에 사는 사람처럼 살아감으로써 이 땅에서 실현해야 한다는 것이다.

하나님의 자녀들은 종말을 현실적인 것으로만 이해하거나 혹은 미래적인 것만으로 이해해서는 안 된다. 우리들의 삶에서 성령으로 말미암아 종말이 '이미' 이루어졌지만 '아직' 완전히 실현되지 않았음을 믿고, 그때를 소망함으로 바라보아야 한다. 그러므로 현재 누리고 사는 것이 전부라고 생각하는 것은 미련한 것이다. 현재가 어둡다고 소망이 없는 사람처럼 살아서도 안 된다. 이 땅의 삶을 하나님 나라의 모형으로 주셨으니 하늘나라의 실체를 바라보며 현재를 천국 백성답게 살아야 하는 것이다.

하나님의 나라를 구하는 3단계

자기중심적으로 살아가는 세상 사람과는 달리 하나님의 나라를 구하는 사람의 모습은 어떠해야 할까? 하나님의 나라를 구하는 방법은 3단계로 나누어 생각해 볼 수 있다.

첫 번째는 자기 소유를 파는 것이다. 하나님의 나라를 위해서라면 내 것을 포기하겠다는 결심이 우선되어야 한다. 이것은 사람의 의지로 가능한 것이 아니다. 의지로 하는 것은 지속적이지 못하기 때문에 더 큰 문제를 만들어 낼 수 있다.

초대교회의 핫 이슈였던 아나니아와 삽비라 사건은 사람의 의지적 산물이 어떤 결과를 초래하는지를 잘 보여준다. 아나니아와 삽비라는 바나바가 자신의 재산을 팔아 하나님의 나라를 구하는 것을 보고 자신의 의지를 발휘해 행동했다. 바로 자기들의 전 재산을 판 것이다.

그들은 사실 다른 대부분의 사람보다 더 의미 있는 일을 시도했다. 누구나가 자기의 전 재산을 파는 용감한 행동을 하지는 못한다. 그러나 아나니아와 삽비라는 그렇게 했다. 박수를 받을 만한 행동이다. 그러나 그들은 마지막까지 박수를 받지는 못했다. 그들은 자기들이 판 재산의 일부를 감춰 두고 일부만 가져와 그것이 전부인 양 사도들의 발 앞에 놓았다. 거룩한 시도인 듯 보였지만 사람의 의지로 행한 것이었기에 그 안에는 거짓이 있었고, 영원성이 결여되어 있었다. 그래서 헌금하지 않은 것만 못한 불행한 결과를 맞은 것이다.

그러므로 하나님의 나라를 구할 때는 자기의 것을 포기하되 그것을 위하여 늘 기도해야 한다. 사람의 의지로 감당하지 않도록 기도해야 한다. 성령께서 도우시고, 늘 감찰하실 수 있도록 무릎을 꿇어야 한다.

사람의 힘으로 하지 않게 해 달라고 요청해야 하는 것이다.

두 번째는 포기한 것으로 구제하는 것이다. 하나님의 나라를 구하기 위하여 하나님의 나라에 쏟아 붓는 것이다. 복음을 위하여 던지는 것이다.

세 번째는 낡아지지 않는 주머니를 만들고 기다리는 것이다. 하나님의 나라를 위하여 자기의 것을 포기하고 그것을 하나님의 나라에 심었다면 이제는 기다리기만 하면 된다. 양 손에 낡아지지 않는 주머니를 들고 하나님의 나라에서 누릴 것에 대하여 기대하는 것이다.

주라, 그리하면 너희에게 줄 것이다

우리는 여기서 한 가지 법칙을 발견할 수 있다. 그것은 하나님의 나라에 주머니를 만들지 않고 세상에다 주머니를 만드는 사람은 자신의 의지와는 상관없이 그것을 잃어버릴 수 있다는 것이다. 내가 열심히 관리한다고 할지라도 좀이 먹고 도적이 들 수 있기 때문이다. 그러나 하나님 나라의 주머니는 좀도 먹지 못하고 도적도 어찌하지 못한다.

주라, 그리하면 너희에게 줄 것이니

곧 후히 되어 누르고 흔들어

넘치도록 하여 너희에게 안겨 주리라

너희의 헤아리는 그 헤아림으로

이 말씀은 주는 사람에게는 얼마나 소망이 넘치는 말씀이며, 주기를 싫어하는 사람에게는 얼마나 무서운 말씀인가? 하나님의 나라를 위하여 내놓은 사람은 흔들어 빈틈이 생기지 않도록 채워 받게 되지만 하나님의 나라를 구하는 일에 계산기를 두드린다면 하나님께서도 그를 향하여 계산기를 두드리며 그의 행한 것을 계산하신다는 것이다.

주면 없어진다는 원리를 제시하는 세상의 방법대로 살면 하나님의 나라를 구할 수 없다. 하나님의 나라를 구하는 것은 버리는 것에서부터 시작된다. 복음 전파를 위하여, 가난한 자들을 위하여, 거룩한 일을 위하여 버리는 결단이 있을 때 하나님의 원리를 체험하게 된다.

흩어 구제하여도 더욱 부하게 되는 것이 하나님의 원리이다. 하나님께서 허락하시지 않으면 과도히 아껴도 가난하게 될 뿐이다(잠 11:24-25). 하나님의 나라를 위하여 버리는 사람에게는 풍족함이 있을 것이고 자기중심적인 삶을 포기하고 약자를 기억하는 사람은 윤택해질 것이다.

실천하기가 어렵더라도 하나님의 말씀을 믿고 행동으로 옮겨야 한다. 무엇을 먹을까, 무엇을 입을까, 자기를 위하여 무엇을 할까에 대한 생각에 빠져 버리면 하나님의 나라를 위하여 내놓을 용기를 잃게 된다.

나를 생각하면 남을 생각할 수 없다. 그러나 하나님의 나라를 생각하는 사람은 당장은 손해를 보는 것 같지만 결국 내어 놓은 것 이상의 것으로 채워지는 놀라운 하나님의 법칙을 만나게 된다.

'마음은 늘 그렇다.'고 말하는 것은 의미가 없다. 하나님은 '우리의 보물이 있는 곳에 우리의 마음이 있다.'고 단언하신다. 우리가 자녀에게 관심이 있으면 우리의 모든 것은 자녀에게 집중하게 되고, 직장에 관심을 집중하면 우리의 모든 것은 직장 중심으로 움직이게 되어 있다. 우리의 보물이 하나님이라면 우리의 마음은 하나님께 있는 것이고, 그렇지 않다면 세상에 있는 것이다.

교회도 마찬가지이다. 교회가 선교에 관심이 있으면 선교에 투명하게 투자하게 되어 있고, 교육에 관심이 있으면 자라나는 세대를 위하여 교육 시설에 과감하게 투자할 것이다. 돈을 선교에 쓰지 못한다는 것은 선교에 관심이 없다는 반증이고, 자라나는 세대를 향한 투자가 없다면 다음 세대 교육에 관심이 없다는 증거이다.

내가 움직이지도 않고 하나님의 나라가 세워지는 것을 기대하는 것은 날마다 기적을 바라는 것이다. 내가 행동하지 않았는데 하나님의 의가 이뤄지는 것은 희귀한 일이다. 이런 기적은 보편적인 것이 결코 아니다. 놀라운 일이 매번 일어나지도 않겠지만 그것을 기대하고 사는 것은 어리석은 일이다.

명품 인생을 살라

백화점 왕 워너메이커의 명품 인생

하나님은 우리의 삶이 늘 품격 있는 인생이 되기를 바라신다. 우리의 외적인 모습이 멋지고 가치 있기를 원하신다. 하나님의 자녀이기 때문에 세상 어디에 내어 놓아도 빛이 나는 인생이 되기를 바라고 계신다. 하나님은 우리가 하나님께만 인정받기를 원하지 않는다. 물론 그것은 가장 중요한 것이지만 하나님이 원하시는 또 다른 것은 세상에서도 인정받는 것이다. 그래서 세상 가운데서 많은 사람에게 영향력 있는 인생이 되기를 바라신다. 스트라디바리우스처럼 그 자체로 고귀하고 값진 삶이기를 기대하시는 것이다.

그런 면에서 '백화점 왕' 이라고 불리는 존 워너메이커는 명품 인생이라 할 만하다. 워너메이커는 스튜어트 백화점 설립 60주년 기자 회견에서, 지금까지 인생에서 가장 중요했던 것이 무엇이었냐는 기자의 질문에 다음과 같이 대답했다.

"인생의 우선순위, 인생의 주관자가 하나님이라고 인정하는 것이었습니다. 그보다 더 내 인생에서 중요한 명제는 없었습니다."

기자들의 질문이 이어졌습니다.

"그렇다면 회장님! 지금까지 투자한 것 중에서 가장 성공적인 투자는 무엇이었습니까?"

이 질문에 워너메이커는 이렇게 대답했습니다.

"나는 열 살 때 최고의 투자를 했습니다. 그때 나는 3달러 75센트를 주고 예쁜 가죽 성경책 한 권을 구입했지요. 이것이 내 인생에서 가장 위대한 투자였습니다. 그 성경이 오늘의 나를 만들었으니까요. 나는 그 책을 살 돈을 마련하기 위해 수없이 많은 벽돌을 날라야 했습니다. 그러나 그것은 내게 가장 특별한 노동이었습니다."

존 워너메이커는 1922년 12월 12일, 조용히 그리고 고통 없이 하나님의 부르심을 받았다. 그는 죽는 순간에 세상 모든 사람들에게 잊지 못할 말을 남겼다.

"하나님 안에서 생각하고

하나님 안에서 노력하고

하나님 안에서 땀 흘리고

하나님을 신뢰하는 것이

내 인생의 전부였다.”

하나님의 소망은 우리가 이 사회에 선한 영향력을 발휘하는 것이다. 록펠러와 같은 기업가로, 링컨과 같은 정치가로 세상 가운데서 명품으로 인정받는 인생이 되기를 원하신다. 그러나 그에 못지않게, 아니 더 더욱 바라시는 것은 우리의 내적 품격이 고급스러워지는 것이다. 훌륭한 정치가이며 동시에 거룩한 신앙인이기를 바라시며, 탁월한 기업가인 동시에 순전한 그리스도인으로 살아가기를 원하신다.

하나님을 하나님으로 인정하는 내면의 명품 인생이 된다면 하나님은 우리를 사람들도 인정하는 명품 인생으로 만들어 주실 것이다.

어떤 부를 얻어야 하는가

기독교인은 청빈해야 하는가

근래에 한국 교회에는 청부(淸富)가 가능하냐, 그렇지 않으냐에 대한 논란이 일고 있다. 맑고 깨끗한 부가 존재할 수 있느냐는 것이다. 어떤 사람은 "현실적으로 교회 안에 부자가 존재하고, 또 부자가 존재할 수밖에 없는데 그 모든 부자를 죄악덩어리라고 매도하는 것은 곤란하다."라고 말한다. 또 한쪽에서는 "한국의 경제 상황에서 어떻게 맑고 깨끗한 부를 소유할 수 있는가? 부는 본질적으로 깨끗할 수 없다."라고 주장하기도 한다.

무엇이 옳을까? 어느 것이 옳은지를 논하기 전에 우리의 가치관을 다시 한 번 확인해 보아야 한다. 우리가 어떤 결정을 내려야 할 때 그 결정의 중심에는 두 가지 존재가 있다.

첫째는 사람이다. 사람이 생각할 때 그것이 타당한가를 따지는 것이다. 둘째는 성경이다. 성경이 말하고 있는 것이 무엇인지에 따라 결정을 내리는 것이다. 어떤 결정이 더 옳은 것일까?

옳고 그름을 판단해야 할 때는 성경이 무엇이라고 말하는지에 먼저 귀를 기울여야 한다. 그렇다면 답은 나온다. 종교개혁의 기치가 되었던 '솔라 스크립투라(Sola Scriptura - 오직 성경으로)'가 삶의 방식을 결정하는 판단의 기준이 되어야 한다. 인간의 생각을 고려하기보다 성경이 말하고 있는 대로 판단해야 하는 것이다. 즉 성경이 자증해 주면 그것이 우리가 반드시 따라야 할 기준이 되는 것이다.

그러면 청빈 사상은 어디서 시작된 것일까? 청빈 사상은 순수한 기독교 정신이라기보다는 중세 수도원의 전통과 유교에서 온 통합적 개념이다. 중세 시대의 타락은 수도사들을 중심으로 예수의 삶의 모형을 닮아야 한다는 논리로 발전하여 기독교에 영향을 주었다. 그리고 그러한 생각은 유교 사상에 젖어 있던 우리에게 공자가 주장하는 "청빈함이 군자의 미덕이다."라는 가르침과 만나 한국적인 기독교의 가치로 자리를 잡았다. 그 결과 청빈이 마치 기독교인들이 살아야 할 올바른 삶의 모델처럼 되어 버린 것이다. 그러나 성경에서는 의도된 청빈을 장려하지 않는다.

부자로 살고 있는 사람에게 "논, 밭 다 팔아 가난한 사람에게 주고 가난하게 되라." 라고 말하지도 않았고, 가난한 사람에게 "부자가 되는 것은 아버지의 뜻이 아니니 꿈도 꾸지 말라." 라고 말하지도 않는다.

어떤 경제학자는 지상의 자원은 한정되어 있는데 누군가가 많이 가지면 누군가는 적게 가질 수밖에 없기 때문에 부를 획득하는 것은 곧 사회적 약자를 착취하는 것이라고 주장한다. 그런데 이는 부의 하향평 준화를 조장하는 볼셰비키 혁명과 다르지 않다.

어떤 사람은 이렇게도 말한다. "여우도 굴이 있고 공중의 새도 거 처가 있으되 오직 인자는 머리 둘 곳이 없다 하신 예수님을 닮아가는 것 이 제자의 올바른 모습이 아닌가요?"

하지만 성경은 반드시 성경이 자증해 줄 때 그것이 올바른 해석이 된다. 만약 그것이 맞다면, 예수님께서 이 땅을 사시면서 그렇게 청빈하 게 사셨다, 집도 없이 노숙자처럼 사셨다, 그러니 예수를 따르는 너희도 그렇게 살라는 성경 말씀이 곳곳에 있어야 할 것이다. 그런데 도리어 성 경은 무수히 많은 곳에서 '복을 받고 부요한 자가 되라.'고 말하고 있다.

하나님의 사람이 된 후 더 많은 부를 얻은 아브라함이 죽을 때 '이 땅에서 얻은 부가 영적인 삶을 방해했다.'는 말씀을 성경에서 발견할 수 만 있다면, 우리는 모든 부를 포기하는 것이 마땅하다. 그러나 성경은 영적인 복을 받는 사람이 이 땅에서도 복을 누리는 것이 당연하다고 곳곳에서 말씀하고 있다.

다시 말하자면 성경이 자중해 주는 것은 청빈 사상이 아니다. 듣기에는 청빈하게 사는 것이 그럴 듯해 보일지도 모른다. 청빈하게 사는 것이 더 폼 날 수 있다. 멋지게 자기를 포장해 줄 수도 있다. 그런데 그렇게 멋진 것이 성경적이지는 않다는 것이다. 논어에서 말하는 '군자는 음식을 탐하지 말며, 평안함을 추구해서는 안 된다(君子 食無求飽 居無求安).'는 가르침을 마치 기독교인이 따라야 할 모범 교안처럼 생각하는 사람들이 많다. 멋있어 보이기는 해도 그것이 성경의 가르침은 아니다. 멋져 보이게 살 것인가, 성경적으로 살 것인가? 의도된 청빈으로 하나님께 받을 것을 포기하는 것은 하나님을 섭섭하게 할 뿐이다. 하나님께서는 모든 것을 상실한 인생을 대신해서 십자가를 내어 주신 분이다. 그리고 주님의 부활로 모든 것은 회복되었다. 죄인에서 의인으로, 질병에서 건강으로, 가난에서 부요함으로.

무소유 VS 정직한 소유

우리 주변에도 무소유를 이야기하는 사람들이 가끔 있다. 그러나 과연 아무것도 가지지 않은 무소유가 기독교의 가치라고 할 수 있을까? 그보다는 정직한 소유가 더 기독교적이다. 하나님으로부터 내려온 것을 잘 관리하는 청지기 정신을 갖는 것이 하나님께서 우리에게 바라시는 것이다. 우리에게 무언가를 주셨을 때 그것을 잘 관리하여 하나님의 영광이 드러나는 것을 보시기를 바라시기 때문이다. '얼마나 소유하고 있는가, 혹은 얼마나 가난한가?'가 그 사람이 얼마나 기독교적인지를 결정하는 것이 아니다. 그보다는 자기가 가진 소유물이 얼마나 정직한 것인지가 더 중요하다. 그리고 그 소유를 주신 하나님의 뜻은 무엇인지에 관심을 갖는 것이 우리를 기독교인답게 하는 것이다.

존 맥아더는 그의 책 『주와 함께 길을 나서다』에서 하나님께 두렙돈을 바친 과부의 예를 들며, 얼마나 드렸는가에 주목하지 말고 그것을 받으시는 크신 하나님께 주목하라고 말한다. 무소유 자체가 우리를 거룩하게 하는 것이 아니다. 소유했기 때문에 타락했다고 말하는 것은 현실도피자의 말이나 혹은 못난 자격지심의 표현일 뿐이다. 소유하되 그것을 주신 크신 하나님의 목적에 더 관심을 가져야 한다.

부는 인생의 목적이 아니다

기독교인이 부를 소유하기 위하여 노력하는 것이 불경건한 것인가? 아니면 부를 얻기 위해 노력하며 살아야 하는가?

기독교인들은 이 땅에서 하나님이 그의 자녀들에게 주신 것을 얻기 위해 노력하며 살아야 한다. 부는 하나님에게서 나온 것이다. 다만 유산을 상속할 때 재물만 상속한 것이 아니라 그 안에 하나님의 거룩한 유언이 있음을 기억해야 한다. 우리의 경제적 이익에는 사회와 이웃을 섬기기 위한 목적이 포함되어 있어야 한다.

루터는 정당하고 적절한 상행위로 이익을 추구하라고 말한다. 기독교인의 경제활동의 목적은 자신의 이익뿐 아니라 타인의 이익을 위한 것이다. 내가 파는 물건이 누군가를 유익하게 한다면 그것은 기독교인의 건전한 경제활동이다.

그래서 청부를 주장하는 김동호 목사는 기독교 기업가는 탈세나 불법적 소득을 꾀하지 말며, 뇌물을 사용하는 등의 부정한 방법을 써서는 안 된다고 말한다. 우리가 고용주라면 노사의 평등한 관계를 잘 유지해야 하고(엡 6:9), 권력 남용을 하지 말아야 하며(골 4:1), 임금 체불로 사회적 약자를 어렵게 해서는 안 된다(약 5:4). 피고용자라면 성실하게 일하며, 맡겨진 업무를 수행할 때 하나님의 사역을 감당하듯 해야 한다(엡 6:5-6).

부를 소유하며 사는 것을 죄인 취급하는 인본주의를 두려워하지 마라. 부를 얻는 그 자체를 타락한 것인 양 비난하는 현실 패배주의자들의 말을 두려워하거나 그것 때문에 위축되어서도 안 된다.

우리가 정말 두려워해야 할 것은 부 때문에 하나님과 멀어지는 것이다. 욥이 늘 '내가 하나님을 배반하지는 않을까.' 하는 두려움을 가지고 자기를 지켰듯이, 우리도 날마다 자기를 돌아보아 하나님의 뜻을 실현하는 인생이 되어야 한다.

하나님께 상속받은 부 자체가 우리 인생의 목적이 되어서는 안 된다. 청빈하게 사는 것이 인생의 목적일 수 없는 것처럼, 부를 소유하는 것 자체가 인생의 목적이 될 수는 없기 때문이다. 부는 단지 인생의 결과물일 뿐 목적은 아니다. 기독교인들이 부를 누려야 하는가, 아닌가는 그 부를 목적으로 보는가, 그렇지 않은가에 따라 달라진다. 부를 목적으로 본다면 그것은 우리에게 해가 된다. 그러나 부를 하나님의 영광을 위한 수단으로 사용한다면 그것은 공기처럼, 음식처럼 하나님이 우리에게 주시는 선물이며, 기도의 결과이다. 그리고 그것은 이 땅에서 하나님의 위대한 일을 이루어 가는 힘이 될 것이다.

부를 인생의 목적으로 삼는 인생이라면 부를 소유할 자격이 없다. 그러나 부가 인생의 목적이 아니라 하나님의 은사요, 선물이라고 여긴다면 담대하게 소유하라. 그리고 하나님의 영광을 위하여 사용하라. 하나님의 영광을 위하여 소유하는 것은 좋은 일이다. 하나님은 우리에게 부를 주실 때 그것을 잘 사용할 것이라고 믿고, 기대하며 주신다. 하나님이 부를 허락하실 때는 그것을 잘 사용할 수 있을 때라는 것도 잊지 말기를 바란다.

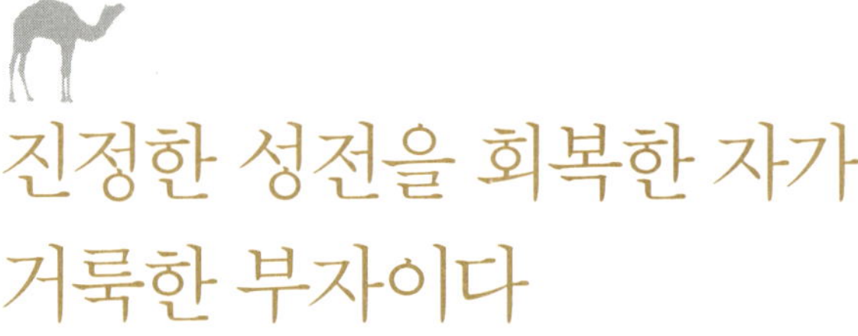

진정한 성전을 회복한 자가
거룩한 부자이다

진정한 성전의 회복

학개서 2장 15절 이하에 보면 성전을 회복한 이스라엘 백성에게 주신 현세적인 복이 나온다. 하나님의 축복의 내용을 한 번 살펴보라. 눈을 감고 이스라엘 백성들의 과거를 한 번 회상해 보라. 성전의 돌이 돌 위에 놓이지 않았을 때, 그들의 곳간을 한 번 떠올려 보라. 그때 이스라엘 백성들의 상황은 20석 곡식더미에서 10석밖에 거두지 못했다. 50그릇을 기대하고 간 포도주 틀에서 단지 20그릇밖에 건질 수 없었다. 그런데 이제 하나님은 이전과 같은 일을 겪지 않게 될 것이라고 말씀하신다.

왜일까? 그 이유는 이스라엘 백성들이 하나님의 성전을 회복시켰기 때문이다. 성전을 회복했기 때문에 그들의 경제 원리가 회복되었다.

이전에는 하나님께서 곰팡이와 폭풍으로 그들에 대한 사람의 경제 원리를 무너뜨렸지만, 성전의 회복 사건 이후에는 하나님의 경제 원리가 세워지게 된 것이다.

이스라엘 백성의 모습을 보면서 우리는 성전을 지으면 현세적인 복을 받게 된다는 것을 발견한다. 그러면 교회 짓는 일에 열심을 내기만 하면 많은 돈을 벌 수 있다는 뜻인가? 이것은 '부를 목적으로 삼고 성전을 세운다면 하나님이 부를 허락하시는가? 라는 질문과 같은 것이다. 성경은 우리에게 그렇게 말씀하지 않는다. 우리는 이스라엘 백성들이 회복한 성전이 어떤 것이었는지에 관심을 가져야 한다.

이스라엘 백성들이 회복한 성전은 보이는 성전이었다. 과거의 영광과는 비교도 안 되는 초라한 성전이었다. 그 성전을 보면서 과거의 영광을 기억하는 이들은 눈물을 흘렸을 것이다. 그러나 하나님은 초라한 외형의 성전 속에 담긴 이스라엘 백성의 진정한 성전을 발견하고 계신다. 어떠한 상황에서도 하나님을 섬기겠다는 그들의 다짐을 보고 계신 것이다. 성전을 회복하겠다는 하나님과의 약속이 빛나고 있는 것을 기뻐하고 계신다.

그들이 성전을 회복하고 새로 중건한 것에는 영적인 의미가 담겨 있다. 우리는 이스라엘 백성들의 성전 건축을 통하여, 단지 눈에 보이는 건물을 지었다고 해서 그들의 경제 원리가 회복된 것이 아니라는 사실을 발견해야 한다.

학개서 2장 12절에서 선지자는 제사장들에게 이런 질문을 한다.

"거룩한 고기가 있는데 그 거룩한 고기가 더러운 옷에 묻으면 그것이 거룩할 수 있겠는가? 시체를 만져 부정해진 자가 그 거룩한 고기를 만지면 어떻게 되겠는가?"

제사장들은 당연히 거룩한 고기가 부정해진다고 답했다. 부정한 사람이 거룩한 제물을 만졌다고 해서 제물의 형태와 모양이 바뀌는 것은 아니다. 거룩함과 부정함은 형태의 문제가 아니기 때문이다. 거룩과 부정을 나누는 기준은 그 안에 담긴 영적인 상태이다.

우리는 대부분 외형의 교회를 가지고 있다. 어떤 건물의 교회는 화려함과 편리함을 자랑한다. 그런가 하면 위아래로 술집이 있는 건물에 위치한 교회도 있다. 어떤 교회의 건물은 애초에 교회로 설계되어 지어진다. 그러나 어떤 교회는 다른 용도로 지어졌지만 후에 교회로 사용되기도 한다.

어떤 교회가 더 거룩한가? 우리는 먼저 형태인가, 상태인가를 구분해야 한다. 형태가 거룩한 것은 모양이 거룩할 뿐이다. 그러나 상태가 거룩한 것은 진정으로 거룩한 것이다.

그러면 상태가 거룩한지 아닌지를 무엇으로 구분할 수 있을까? 교회의 영적인 상태는 그 구성원이 어떤가에 따라 결정된다. 교회에 모인 사람들이 죄악에 물든 사람들이라면 그 교회는 거룩하다고 할 수 없다. 하나님이 기뻐하시는 회복된 성전이 없기 때문에 외형이 아무리 멋지고, 교회답게 지어졌어도 거룩하지 않다. 그러나 영적인 회복이 있고 하나님의 성전다운 성도가 모인 교회는 어디에 있어도 거룩하다.

거룩하지 않은 교회는 하나님의 기쁨이 되지 못한다. 거기에 쌓인 경제적 산물도 부정할 뿐이다. 거룩한 고기가 부정한 사람에 의하여 부정해지는 것처럼, 거룩하게 지은 외형의 교회가 부정한 사람에 의하여 거룩하지 못한 교회가 되어 버리는 것이다.

성경은 우리의 심령과 육체가 모두 하나님의 거룩한 성전이라고 말한다. 고린도후서 6장 16절은 우리가 살아계신 하나님의 성전이며 그 성전에서 하나님이 이스라엘 백성에게 주셨던 약속, '나는 저희 하나님이 되고 저희는 나의 백성이 되리라.' 는 약속을 성취하겠다고 하신다. 그런데 그 거룩한 성전을 더럽혀진 것으로 채운다면 하나님이 기뻐하시겠는가? 거룩하게 세워진 성전이 거룩하지 못한 것으로 채워진다면 그것은 하나님이 받으시는 제물이 될 수 없다.

유목민에서 정착민으로

프랑스의 경제학자 자크 아탈리는 그의 책 『21세기 사전』에서 앞으로 우리가 살아갈 시대는 '유목민의 시대' 라고 정의했다. 유목민의 시대라는 것은 몽골 지방에 사는 사람들과 같이 된다는 것이 아니라, 최고급 아파트에서 최고의 시설을 누리면서 살지만 정신과 마음은 유목민처럼 어디로 가야 할지, 어떻게 방향을 잡아야 할지 모르고 그저 당장 눈앞의 것만을 바라보고 살아간다는 것이다. 유목민이 양에게 풀을 뜯길 곳만 있다면 어디든지 가는 것처럼 이제 21세기의 사람들은 여기가 좋다 하면 그곳으로 몰려가고, 저기가 괜찮다 하면 저 곳으로 몰려가는 그런 삶을 살게 된다는 것이다. 이것이 재미있다 하면 모두 따라하고, 저것이 쾌감을 준다더라 하면 모두 그 쾌락을 위하여 불을 향해 뛰어드는 불나방처럼 몰려간다는 것이다. 실제로 지금 이 시대를 살아가는 사람들의 삶이 그러하다. 심지어 기독교인들조차 그렇게 살아가고 있다.

21세기의 유목민 시대가 의미하는 것이 도대체 무엇일까? 그것은 정신적인 지주가 없다는 것이다. 바로 이 때 예수 그리스도를 만나야 한다. 시대의 흐름에 따라 이리 저리 출렁대는 우리를 붙잡아 바로 세워 주시는 주님을 우리 삶의 중심에 모셔야 한다. 힘이 되신 예수님, 길이 되신 그리스도가 우리 안의 성전을 회복하시고, 우리의 삶을 인도하실 것이다.

하물며 영원하신 성령으로 말미암아

흠 없는 자기를 하나님께 드린 그리스도의 피가

어찌 너희 양심으로

죽은 행실에서 깨끗하게 하고

살아계신 하나님을 섬기게 못 하겠느뇨

-히브리서 10:14

우리가 예수님을 의지하기만 하면 우리는 그것으로 우리의 죽은 성전을 회복하게 되는 것이다. 우리의 죽어 있는, 그래서 이러저러한 사상에 의하여 더럽혀진 성전이 예수님으로 말미암아 단번에 회복되고 그 회복은 우리의 경제 원리, 피폐해진 우리의 영혼과 궁핍해진 우리의 삶에 생기를 불어넣는 회복의 동력이 될 것이다. 우리의 전 삶에 놀랍게 작용하는 생명력 있는 회복의 원리가 될 것이다.

성전을 세운 성부(聖富)

우리의 성전이 회복되었을 때 우리에게 주어지는 축복에 대해 성경은 무엇이라고 말하는가? 학개서 2장 19절을 보라. 거기에 이런 대화가 나온다.

"있느냐? 있느냐? 있느냐? 없었느니라. 그러나 오늘부터 내가 너희에게 복을 주리라."

이것이 성전을 회복한 사람에게 주시는 아버지의 약속이다.

그러나 성전을 회복한 사람은 이것 때문에 기뻐하지 않는다. 하나님이 약속한 것은 곡식 종자의 창고만 가득 차는 것이 아니다. 포도밭에 포도가 가득 맺히는 것만이 아니다. 무화과나무에 가지가 휘도록 열매가 열리는 것만이 아니다.

왜 그런가? 우리의 목적은 곡식 섬들로 채워진 곳간을 얻는 것이 아니기 때문이다. 그것은 단지 성전을 회복하면서 얻어진 부수적인 것들일 뿐이다. 우리의 목적은 만국의 보배이신, 세상의 그 어떤 보물과도 비교할 수 없는 예수 그리스도를 소유하는 것이다.

학개서 2장 7절을 보라. 만국의 보배이신 예수 그리스도를 얻는 사람만이 진정한 부자이다. 이 땅에서 청부로 사느냐 청빈으로 사느냐를 따지기 이전에 만국의 보배이신 예수 그리스도, 그분을 예배하는 우리의 성전이 거룩하게 회복된다면 세상의 그 어떤 귀한 보물보다 더 좋은 보물을 소유한 부자이다. 그리고 그렇게 살 때 당연히 깨끗한 부자로 살게 되어 있다. 그것이 성경이 말하는 하나님의 경제학이다.

당신은 성전을 세웠는가? 이 질문에 "예!"라고 대답할 수 있는 기독교인은 거룩한 부자이다. 세상의 것과 비교할 수 없는 것을 소유한 성부이다. 스룹바벨의 백성들이 성전을 세우고 하나님의 복을 유산으로 물려받아 부요한 자들이 된 것처럼 성전을 세운 당신은 거룩한 부자이다. 거룩하고 깨끗한 부를 소유한 하나님의 사람이다.

이제 예수께 나아왔다가 근심하며 돌아간 복음서의 부자청년의 상
(象)을 과감하게 깨뜨리기 바란다. 하나님이 바라시는 것은, 그가 주신
풍요를 맘껏 누리길 기도하며 담대하게 예수님을 따라가는, 하나님의
마음을 진정으로 이해하는 신(新) 부자청년이니 말이다.

너는 나를 진리라고 말하면서도 내게 배우지 않았고,

너는 나를 빛이라고 하면서도 나를 바라보지 않았고, 나를 따라오지 않았고,

너는 나를 능력이라고 하면서도 나를 의지하지 않았고,

너는 나를 응답이라고 하면서도 내게 기도하지 않았느니라.

그러니 너의 삶이 가난하더라도 너는 나를 원망하지 마라

-중세 유럽, 어느 수도원의 기도실 벽에 쓰인 글귀